einfach lesen!

AF631062

Schallplattensommer

Ein Leseprojekt zum Roman von Alina Bronsky

erarbeitet von
Sylvia Gredig

Illustrationen von
Juliane Steinbach

Cornelsen

einfach lesen!

Originalausgabe:
Alina Bronsky: Schallplattensommer
Lizenzausgabe mit Genehmigung der dtv Verlagsgesellschaft, München
© 2022 dtv Verlagsgesellschaft mbH & Co. KG, München

Foto S. 102: dpa Picture-Alliance/Jens Kalaene

Redaktion: translatrix – Michélle Pyka, Wuppertal
Umschlaggestaltung: Corinna Babylon, Berlin
Layoutkonzept: klein & halm, Berlin
Layout und technische Umsetzung: PER MEDIEN & MARKETING GmbH

www.cornelsen.de

1. Auflage, 1. Druck 2024

Alle Drucke dieser Auflage sind inhaltlich unverändert
und können im Unterricht nebeneinander verwendet werden.

© 2024 Cornelsen Verlag GmbH, Mecklenburgische Str. 53, 14197 Berlin

Das Werk und seine Teile sind urheberrechtlich geschützt.
Jede Nutzung in anderen als den gesetzlich zugelassenen Fällen bedarf der vorherigen schriftlichen Einwilligung des Verlages.
Hinweis zu §§ 60 a, 60 b UrhG: Weder das Werk noch seine Teile dürfen ohne eine solche Einwilligung an Schulen oder in Unterrichts- und Lehrmedien (§ 60 b Abs. 3 UrhG) vervielfältigt, insbesondere kopiert oder eingescannt, verbreitet oder in ein Netzwerk eingestellt oder sonst öffentlich zugänglich gemacht oder wiedergegeben werden.
Dies gilt auch für Intranets von Schulen und anderen Bildungseinrichtungen.

Druck: H. Heenemann, Berlin

ISBN 978-3-06-061082-2

PEFC/04-31-1156

PEFC zertifiziert
Dieses Produkt stammt aus nachhaltig bewirtschafteten Wäldern und kontrollierten Quellen.
www.pefc.de

Inhaltsverzeichnis

Partnerarbeit

Gruppenarbeit

Klassengespräch

Audio Höre den Text in der **App**.

Kapitel 1: Omas Gaststätte

Audio

Es gab Tage, da wurden in der Gaststätte nur Pommes bestellt, zum Beispiel montags und donnerstags. Es gab auch andere Tage, da wollten alle nur Teigtaschen: freitags und samstags. Dann gab es Männer, bei denen Maserati schon vor der Bestellung wusste, ob sie Pommes oder Teigtaschen wollten.

Frauen lehnten meist beides ab, weil es dick machte. Diese Frauen kamen aus der Stadt. Sie fragten fast immer nach Fisch. Den gab es bei Oma aber nicht. Mit Gemüse und gebackenem Käse waren die Frauen auch zufrieden. Beim Essen klauten sie ihren Männern Teigtaschen und den Kindern die Hälfte der Pommes.

Die Familie am Ecktisch war schweigsam. Maserati hatte sie noch nie gesehen: ein Ehepaar mit zwei Söhnen etwa in Maseratis Alter. Der eine sah aus, als wäre er gerade von einem Surfbrett [sprich: Sörfbrett] gestiegen. Er hatte blondes Haar und blaue Augen, ein braun gebranntes Gesicht und ein strahlendes Lächeln. Er bestellte Teigtaschen. Der zweite Typ wirkte kleiner, das dunkle Haar fiel ihm ins Gesicht, sodass davon kaum etwas zu erkennen war. Er blickte nur auf seine Hände. Er wollte Pommes mit Ketchup, ohne Wurst, ohne Getränk, was sofort eine Diskussion mit den Eltern auslöste. Sie sagten, dass trinken wichtig ist und dass er den ganzen Tag zu wenig gegessen hatte.

Maserati wartete geduldig. Die Frau fragte, ob sie auch Fisch hätten. Als Maserati Nein sagte, nahm sie den Käse. Die Frau bestellte noch eine große Flasche Mineralwasser und drei Gläser, ohne Eiswürfel und Zitrone. Maserati erklärte, dass es Eiswürfel sowieso nicht gab. Die gab es bei Oma grundsätzlich nicht.

„Schade“, sagte der Surfer-Typ und lächelte weiter. „Dann bringe ich nächstes Mal welche mit.“

Nächstes Mal, wirklich?, dachte Maserati.

In der Küche legte sie die Bestellung Oma hin und nahm eine große Flasche Mineralwasser aus dem Kühlschrank. Heimlich sah sie immer wieder zu Oma hin. Heute war ein guter Abend. Oma arbeitete konzentriert und schnell, sie lief fröhlich durch die Küche und warf zwei Portionen Teigtaschen mit Hackfleisch in einen riesigen Topf mit heißem Wasser.

Als Maserati das Essen an den Tisch brachte, gab es misstrauische Blicke und die Frage: „So schnell?!“ Maserati hatte eine freche Antwort im Kopf, aber sie sagte nichts. Die Frau nahm sich sofort eine Pommes vom Teller des dunkelhaarigen Jungen. Der Mann stach mit der Gabel in eine Teigtasche.

In der Küche fiel etwas krachend um. Alle vier am Tisch zuckten zusammen.

„Ich schau mal nach“, sagte Maserati und war blitzschnell an Omas Seite.

Der Topfdeckel war heruntergefallen. Maserati hob ihn auf, wischte ihn mit dem Küchentuch ab und legte ihn zurück auf den Topf. Oma stand daneben.

„Ich übernehme jetzt“, sagte Maserati. „Geh ruhig hoch. Du bist ja schon den ganzen Tag auf den Beinen.“

„Bin ich im Weg?“, fragte Oma.

„Die werden sowieso nichts mehr bestellen. Ich mach hier gleich alles sauber. Wer sind die überhaupt?“, fragte Maserati.

Oma warf einen Blick um die Ecke in den Gastraum.

„Nie gesehen“, sagte sie und schaute dann Maserati an. „Du hast seit heute früh noch nichts gegessen, Kind.“

„Wenn du schlafen gehst, esse ich was“, sagte Maserati.

Als sie endlich allein in der Küche war, häufte sie die Reste der Teigtaschen auf einen großen Teller. Oma taute immer ein paar mehr als nötig auf, für Maseratis Abendessen. Maserati war zu müde, um sie in der Pfanne aufzuwärmen. Sie ging mit ihrem Teller zurück in den Gastraum, falls die Gäste doch noch etwas wollten. Sie setzte sich an einen weit entfernten Tisch. Maserati kaute lustlos. Dann spürte sie Blicke auf sich und hörte die Stimmen der Gäste. Sie stand wieder auf und ging zu dem Tisch.

„Kann ich noch etwas bringen?“, fragte sie.

Der Teller des Mannes glänzte leer. Die Frau hatte einen Rest übrig gelassen. Der Surfer-Typ kaute immer noch, es schien ihm wirklich zu schmecken. Sein Bruder spielte an einem großen Ring, den er am Daumen trug. Seine Pommes waren zur Hälfte aufgegessen und standen nun in der Mitte des Tisches.

„Sind Sie aus der Gegend?“, fragte die Frau.

„Ich wohne hier“, antwortete Maserati.

„Dann sind wir jetzt Nachbarn“, sagte die Frau. „Sicher kennen Sie das Grundstück am Ende der Hauptstraße.“

Natürlich kannte Maserati das. Das große Tor war bis vor zwei Wochen verschlossen gewesen. Doch dann stand es plötzlich auf, sodass man in die Einfahrt hineinsehen konnte. Ab da war es mit der Ruhe im Dorf vorbei. Handwerker kamen und gingen. Natürlich hatte es auch Gespräche gegeben, wer da wohl einzog. Die Vermutungen klangen abenteuerlich, Namen von Filmstars fielen. Wenn diese Leute nun die neuen Nachbarn waren, sollte Maserati vielleicht doch lieber freundlich sein.

„Herzlich willkommen“, murmelte sie. „Es ist schön hier.“

„Wirklich?“, fragte die Frau und sah sie hoffnungsvoll an.

„Sicher“, sagte Maserati. „Die Natur und so. Die ganzen Seen. Bäume ohne Ende. Im Herbst Pilze. Im Winter Schnee.“

„Und die Schule?“, fragte die Frau. „Sie gehen doch bestimmt noch zur Schule. Ist die Schule in Ordnung?“

„Die Schule ist ganz okay“, sagte Maserati.

Als die vier endlich weg waren und Maserati die Küche sauber machte, quietschte die Tür.

„Hey!“, rief eine dunkle Stimme. „Die Tür stand offen.“

Maserati drehte sich überrascht um. Es war nicht der Surfer-Typ, sondern sein dunkelhaariger Bruder.

„Sorry“, sagte er. „Ich bin es nur.“

„Hast du was vergessen?“, fragte Maserati.

Er schüttelte den Kopf. „Ich kenne dich“, sagte er.

„Was?“ Maserati schaute verwundert.

„Ich kenne dich von der Schallplatte“, sagte der Junge.

Maserati atmete aus: ein Spinner. Vielleicht sollte sie ihn fragen, welche Schallplatte, tat es aber nicht.

„Wie heißt du?“, fragte er.

Sie zögerte wieder. Er würde es schon noch herausfinden.

„Dann halt nicht“, sagte er schließlich. „Ich bin jedenfalls Theo. Man sieht sich.“

Fortsetzung folgt

1. **Was erfährst du in Kapitel 1?**
   a) **Lies noch einmal die Überschrift auf Seite 5.
   Wo beginnt die Geschichte? Schreibe es auf.**

____

   b) **Sieh dir das Bild auf Seite 5 genau an.
   Welche Personen siehst du?
   Ergänze die richtigen Wörter im Satz.**

Familie – Mädchen – Paar – Jungen – Hunde

Ich sehe ein ______________ , das am Tisch bedient,

und ich sehe eine ______________ mit zwei ______________ .

2. **Was hast du über die Personen am Tisch erfahren?**
   a) **Ergänze die Sätze.
   Tipp: Lies noch einmal die Seiten 6 und 8.**

Die Familie redet nicht viel.

Der eine Junge hat ______________ (rotes / blondes) Haar

und ______________ (blaue / braune) Augen. Er hat auch

ein ______________ (strahlendes Lächeln / auffälliges Tattoo).

Dem anderen Jungen fällt das ______________ (helle / dunkle) Haar

ins Gesicht und er blickt nur auf seine Hände.

Die vier sind die ______________ (neuen Nachbarn / neuen Vermieter).

b) Ergänze die Namen der Personen.

Das Mädchen, das bedient, heißt ______________ .

Der Junge mit den dunklen Haaren heißt ______________ .

3. Maserati nennt den blonden Jungen in Gedanken **Surfer-Typ**. Warum? Ergänze den Satz.

Maserati denkt, dass

viele ______________

so aussehen wie

der braun gebrannte Junge.

4. In der Küche der Gaststätte arbeitet die Oma von Maserati. Was erfährst du über sie? Verbinde.

Zuerst arbeitet Oma	ein Topfdeckel herunter.
Dann fällt ihr	schon auf den Beinen.
Sie war den ganzen Tag	konzentriert und schnell.

5. Was gibt es in der Gaststätte zu essen? Markiere.

Es gibt: Teigtaschen Fisch

Käse Pommes Gemüse

6. Theo kommt zu Maserati in die Küche.
Er sagt, dass er sie von einer Schallplatte kennt.
Was sind Schallplatten?
a) Lies den Sachtext oder höre ihn dir an. Audio

Schallplatten

Schallplatten werden auch **Tonträger** genannt. Auf ihnen kann man **Musik** und **gesprochene Texte speichern.** Sie sind **rund**, aus Kunststoff und werden **in Hüllen** aufbewahrt. Die Vorderseite der Hülle heißt **Cover.** Cover sind meist **besonders gestaltet.** Um eine Schallplatte hören zu können, braucht man einen **Plattenspieler.**

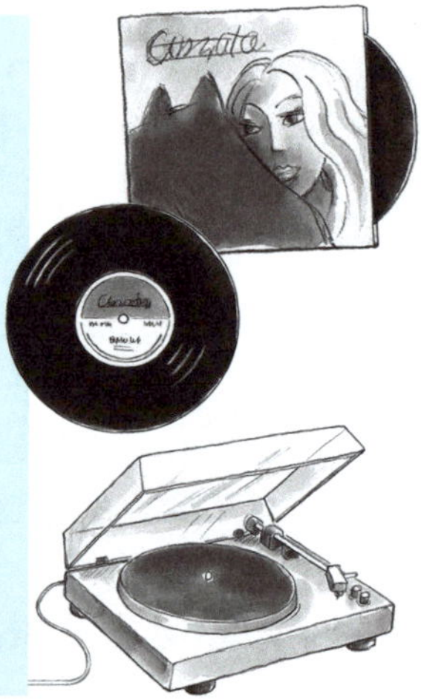

b) Beantworte die Fragen in Stichworten.

- Wie werden Schallplatten noch genannt?

____

- Was braucht man, um eine Schallplatte zu hören?

____

- Wie heißt die Vorderseite der Schallplatten-Hülle?

____

7. Tauscht euch über diese Fragen aus:
- Wie reagiert Maserati auf Theos Hinweis, dass er sie von einer Schallplatte kennt?
- Warum verrät sie Theo wohl nicht ihren Namen?

Kapitel 2: Die Begegnung am See

Audio

Maserati schlief schlecht. In der Ferne bellte ein Hund. Durch das offene Fenster hörte es sich so an, als ob ein Monsterhund direkt neben dem Bett war. Maserati stand auf, lief über den Flur und guckte in Omas Schlafzimmer. Oma atmete ruhig. Hin und wieder schnarchte sie. So ruhig war es nicht jede Nacht, aber daran wollte Maserati lieber nicht denken.

Maserati schlief erst gegen Morgen ein, kurz bevor der Lärm der Bauarbeiter am Ende der Straße sie wieder aus dem Schlaf riss. Sie zog ein T-Shirt und eine Jeans an. Die Hose war Maserati zu kurz geworden, also hatte sie die Jeans über den Knien abgeschnitten.

Maserati nahm das Handtuch von der Wäscheleine. Oma war bereits mit einem Putzlappen im Gastraum unterwegs. „Ich bin gleich wieder da!“, sagte Maserati.

„Frühstück!“, rief Oma, aber Maserati winkte nur.

Maserati erkannte sofort, dass die Badestelle besetzt war. Dabei hatten die Sommerferien noch gar nicht begonnen. Kein Mensch aus dem Dorf schwamm um diese Zeit im See. Auf dem Steg saß der Surfer-Typ. Sein Haar glänzte in der Morgensonne. Maserati ging, ohne zu grüßen, an ihm vorbei und zog sich aus. Unter dem T-Shirt und der Jeans hatte sie nur ihre Unterwäsche an. Sie sah ihn nicht mehr an, ließ ihre Sachen auf dem Steg und sprang ins Wasser.

Auf dem Rückweg sah sie schon von Weitem, dass der Surfer-Typ immer noch da war.

Als sie prustend aus dem Wasser stieg, sprang er auf und kam näher. Er hielt einen Kaffeebecher in der Hand und hatte die Sonnenbrille hochgeschoben.

„Du schwimmst aber weit hinaus“, sagte er.

„Habt ihr keinen eigenen Badesteg bei eurer Villa?“, fragte Maserati. Sie brauchte keine Antwort, sie hatte es beim Schwimmen überprüft.

„Der Steg wird noch repariert, sagt Annabell.“

„Annabell?“ Maserati sah ihn fragend an.

„Die Frau mit dem Fisch, also, dem Käse“, erklärte er.

Maserati versuchte, bei der Antwort nicht zu grinsen.

„Du nennst deine Mutter beim Vornamen?“, fragte sie.

„Sie ist meine Lieblingstante. Theo ist mein Cousin.“

Maserati nickte. Sie wollte nicht interessiert wirken.

Sie war auch nicht interessiert. Aber die Hand, die er ihr entgegenstreckte, musste sie schon aus Höflichkeit schütteln. „Ich bin Caspar“, sagte er.

„Ich bin Maserati.“ Sie wusste selbst nicht, warum sie es einfach aussprach. Sie behielt den Namen in der Regel für sich. Nicht, weil sie sich schämte. Die Zeiten waren vorbei. Trotzdem fühlte sie sich unwohl. Sie wickelte sich in das Handtuch ein.

„Wow“, sagte Caspar. „Ist dein Vater Rennfahrer?“

„Keine Ahnung“, sagte Maserati.

„Darf ich dich Ferrari nennen?“

„Nein.“

„Schade.“ Er hielt ihr den Kaffeebecher hin.

Sie nahm den Becher und trank einen Schluck.

„Warum bist du nicht in der Schule?“, fragte Caspar.

Sie antwortete: „Ich hab heute frei. Und selbst?“

„Ich bin gerade erst aus Amerika zurück. Ich war dort für ein Jahr auf der Schule. Für mich geht es erst wieder nach den Ferien los“, sagte Caspar.

„War dein Cousin auch in Amerika?“, fragte Maserati und gab den Becher zurück. Sie wunderte sich, dass sie so viel fragte. „Oder sind dort, wo ihr herkommt, schon Ferien?“

„Nein. Theo ist krankgemeldet“, antwortete Caspar.

Er sprach es locker aus, aber Maserati bemerkte, dass sich seine Stimme dabei veränderte.

Sie wandte sich ab, zog sich hastig Jeans und T-Shirt über die nasse Wäsche und murmelte einen Abschiedsgruß.

„Man sieht sich!“, rief ihr Caspar hinterher, aber diesmal klang seine Fröhlichkeit nicht echt.

Mit der Ruhe im Dorf war es nun endgültig vorbei. Das Tor zur Villa stand fast immer offen und es war viel los.
Eine Gärtnerei brachte Pflanzen. Ein großer Rasenmäher mit Motor machte Lärm. Gartenmöbel wurden geliefert.
Ein altes Gartenhaus wurde abgerissen, ein Gewächshaus für Pflanzen aufgebaut.
Für die Handwerker, die die Gaststätte nun besuchten, ergänzte Oma die Speisekarte. Am Morgen schnitt Maserati Gemüse für einen Eintopf. Sie servierte selbst gemachte Limonade zu einem sehr günstigen Preis.
Zwischendurch radelte sie zum Einkaufen und stopfte danach Großpackungen Eis am Stiel in die Tiefkühltruhe.

Sie kam gerade vom Einkaufen zurück, als sie Oma sah, die winkte. Dass Oma lächelte, beruhigte Maserati nicht.
Die schlimmsten Dinge passierten, wenn Oma lächelte.
„Lenchen“, sagte Oma, „da sind zwei Jungen für dich.“
Dann kniff Oma die Augen zusammen, als versuchte sie, schärfer zu sehen. Es stimmte, Maserati und Lenchen sahen sich zum Verwechseln ähnlich. Nur dass Lenchen 17 Jahre älter war und inzwischen ganz anders aussah.
„Ist gut“, sagte Maserati bloß, „ich seh mal nach.“
Im Garten saßen Theo und Caspar an einem Holztisch.
„Hey“, sagte Maserati.
„Hey“, erwiderte Caspar. Theo lächelte nur ganz kurz und etwas schief.
„Die ältere Dame meinte, wir sollen hier auf Lenchen warten. Wer ist Lenchen, Ferrari?“, fragte Caspar.

„Oma hat euch verwechselt“, sagte Maserati.

Die Jungs bestellten: Eis, Kuchen, Pommes.

Als Maserati alles auf einem Tablett brachte, fragte Caspar: „Hast du trotz der Arbeit einen Moment Zeit?“

„Neunzig Sekunden“, sagte Maserati.

„Das ist zu wenig für unsere Mitteilung“, sagte Caspar.

„Ihr geht und kommt nicht wieder?“, fragte Maserati.

„Das hättest du wohl gerne“, sagte Caspar.

Theo griff nach einer großen Tüte neben seinen Füßen. Er holte eine Schallplatte heraus. Auf dem Cover war ein Mädchengesicht abgebildet. Die rechte Seite war kaum zu erkennen. Die linke Seite lehnte gegen etwas, das wie der Kopf von einem Hund aussah.

„Siehst du?“, fragte Theo.

„Man sieht gar nichts“, sagte Maserati.

„Das bist doch du“, sagte Caspar.

„Quatsch“, sagte Maserati. „Die Platte ist ja uralt.“

„Nicht so alt, wie sie aussieht“, sagte Theo. „Aber du kannst es nicht sein, das stimmt. Eine Doppelgängerin?“

Maserati atmete aus. Die Jungen hielten es wohl für einen spannenden Zufall.

„Was ist das für Musik?“, fragte sie.

„Von einer Berliner Band. Kennst du den Song *My Girlfriend Is A Ghost* [Mei Görlfränd Is Ä Goost]? Hast du einen Plattenspieler?“, fragte Theo.

„Sehe ich so aus?“, erwiderte sie. „Um das ein für alle Mal zu klären: Ich habe keinen Plattenspieler. Ich habe auch keinen Computer und nur ein Tastenhandy, von dem ich gerade nicht weiß, wo ich es hingelegt habe. Ich lebe in der Steinzeit. Ich hasse das Internet.“

Fortsetzung folgt

1. Maserati schaut in der Nacht nach ihrer Oma.
Was denkt Maserati?
Zeichne den Rand der passenden Denkblase nach.

Wie immer schläft Oma tief und fest, sie schnarcht nicht einmal.

Zum Glück schläft Oma diese Nacht ganz ruhig!

Oje, Oma ist wach geworden!

2. Am Morgen geht Maserati zur Badestelle.
Der Surfer-Typ ist auch da. Was erfährt sie?
Streiche die falschen Wörter durch.

Der Junge heißt Carlo / Caspar / Conrad.
Er war für ein Jahr in Kanada / Amerika / England.
Theo ist sein bester Freund / Bruder / Cousin.
Die Mutter von Theo heißt Annabell / Angelika / Arabella.

3. Als Maserati ihren Namen sagt, fragt der Junge:
53 „Darf ich dich Ferrari nennen?“

a) Informiere dich im Internet über die beiden Namen.
b) Kreuze den richtigen Satz an.

- ☐ So heißen zwei berühmte Rennfahrer.
- ☐ Die Namen sind bekannte Automarken.

c) Warum stellt der Junge wohl diese Frage?
Schreibe eine Vermutung auf.

Er möchte ______________________________.

4. **Diese Wörter kommen im Kapitel vor: die Villa, die Doppelgängerin, die Steinzeit. Was bedeuten sie?**
   a) **Markiere die Wörter auf den Seiten 16 und 17.**
   b) **Ergänze dann die Erklärungen.**

Eine weibliche Person, die jemandem sehr ähnlich sieht,

nennt man ______________________ .

Vor mehr als 4000 Jahren stellten die Menschen

ihre Werkzeuge nur aus Holz und Steinen her.

Daher kommt der Name ______________________ .

Ein prächtiges Einfamilien-Haus mit einem großen Garten

oder Park wird auch ______________________ genannt.

5. **Was bedeutet der Songtitel My Girlfriend Is A Ghost auf Deutsch? Lies den Satz und schreibe ihn auf.**

Meine Freundin ist ein Geist.

____

6. **Die Oma nennt Maserati Lenchen.**
   a) **Was erfährst du über Lenchen? Kreuze an.**
      Tipp: Lies noch einmal Seite 16.

- ☐ Lenchen und Maserati sahen sich früher ähnlich.
- ☐ Lenchen ist jünger als Maserati.
- ☐ Lenchen ist 17 Jahre älter als Maserati.
- ☐ Lenchen sieht heute anders aus als früher.

   b) **Wer könnte Lenchen sein?**
      Sprecht über eure Vermutungen.

Haltepunkt: gemeinsam arbeiten

1. Theo fragt Maserati, ob sie einen Plattenspieler hat.

a) Lest noch einmal, was Maserati antwortet.

Um das ein für alle Mal zu klären:
Ich habe keinen Plattenspieler.
Ich habe auch keinen Computer
und nur ein Tastenhandy, von dem
ich gerade nicht weiß, wo ich es
hingelegt habe. Ich lebe in der Steinzeit.
Ich hasse das Internet.

b) Wie ist wohl das Leben von Maserati ohne Medien wie Internet, Handy und Computer? Sprecht darüber.

Information – Austausch mit anderen – telefonieren – chatten (Kurznachrichten) – Musik – Filme – Spiele

c) Ihr könnt es selbst einmal ausprobieren und einen Tag lang kein Internet und kein Handy nutzen.

- Was ist anders?
- Was habt ihr am meisten vermisst und warum?
- Was hat euch daran gefallen?

2. Theo zeigt Maserati eine Schallplatte von einer Berliner Band. Sprecht über diese Fragen:

- Was ist auf dem Cover zu sehen?
- Worüber wundert sich Theo?
- Wie reagiert Maserati?
- Was denkt ihr über das Cover?

3. In der Geschichte spielt die Schallplatte eine wichtige Rolle.
Recherchiert zum Thema **Schallplatte** und präsentiert eure Ergebnisse.
a) Bildet Gruppen und wählt ein Thema aus.

Was ist eine Schallplatte?

Die Erfindung der Schallplatte

Vom Grammofon zum Schallplattenspieler

Wie funktioniert ein Plattenspieler?

b) Sucht zu eurem Thema passende Informationen und Bilder im Internet. Klärt gemeinsam schwierige Wörter.

c) Entscheidet, wie ihr die Informationen präsentieren wollt. Ihr könnt:
- einen Vortrag halten,
- ein Plakat erstellen,
- ein Info-Blatt gestalten,
- ...

d) Präsentiert eure Ergebnisse den anderen.

4. Sprecht über eure Ergebnisse:
- Sind die Informationen verständlich?
- Werden die wichtigsten Fragen zum Thema beantwortet?
- Was möchtet ihr noch wissen?

Kapitel 3: Die Schallplatte

Audio

Irgendwann schaffte es Maserati, die Oma davon zu überzeugen, dass der Montag ein Ruhetag sein sollte. Seit jeden Tag so viele hungrige Handwerker kamen, gab es kaum noch Pausen. Maserati schrieb mit Kreide „Montags geschlossen“ auf die Tafel, die neben der Eingangstür der Gaststätte hing.

Am ersten freien Montagabend wartete sie, bis Oma in ihr Zimmer gegangen war, dann stieg Maserati auf ihr Fahrrad und fuhr zu Georg.

Maserati hatte Georg einige Wochen nicht gesehen. Er hatte ihr Nachrichten auf ihr Handy geschickt, aber sie hatte vergessen, zu antworten. Georg strahlte, als er ihr die Tür öffnete. Sie küsste ihn auf die Wange und schloss schnell die Tür hinter sich. Georg nahm ihre Hand und legte sie auf seine Wange. Sein Gesicht mit den vollen Lippen, der geraden Nase, den tiefblauen Augen war fast zu schön für einen Mann. Maserati und Georg waren in der Schule zwei Jahre lang in dieselbe Klasse gegangen. Trotzdem war er älter als sie, weil er ein paarmal sitzen geblieben war. Nach der zehnten Klasse hatte er die Schule ohne Abschuss verlassen. Maserati war mit sehr guten Noten in die elfte Klasse versetzt worden. Georg fragte sie jetzt mit Gesten, ob sie Hunger hatte. Sie schüttelte lächelnd den Kopf. Er nahm ihre Hand und führte sie in die Küche. Auf dem Herd stand eine Pfanne mit Bratkartoffeln. Seit seine Mutter gestorben war, lebte Georg allein. Obwohl er gehörlos war, schien er gut mit allem zurechtzukommen. Er hatte geschickte Hände, in Haus und Garten machte er alles selbst. Nur einsam war er. Er setzte sich auf den Stuhl und zog Maserati auf seinen Schoß. Sie machte sich sanft von ihm los. „Kann ich kurz an deinen Computer?“, fragte sie. Er las es ihr mühelos von den Lippen ab. Georg führte sie zum Wohnzimmertisch, wo der Computer stand. Maserati gab den Songtitel *My Girlfriend Is A Ghost* in die Suchmaske ein. Sie klickte sich durch, bis sie zu der Schallplatte kam.

Die Berliner Band hatte keine eigene Internetseite. Aber es gab einen Eintrag, in dem stand, wann die Band sich aufgelöst hatte: wenige Jahre nach Maseratis Geburt. Maserati notierte sich die Namen der vier Bandmitglieder. Der Name ihrer Mutter kam nicht vor. Sie suchte weiter, den Bandnamen und den Namen ihrer Mutter. Die Suchmaschine spuckte 100 Bilder aus, die nichts mit der Band zu tun hatten und die Maserati wütend wegklickte. Sie stand auf. Georg war draußen dabei, die Reifen von ihrem Fahrrad aufzupumpen. „Ich muss wieder zurück“, flüsterte sie in sein Ohr, als ob er sie hören könnte. „Oma“, formte sie dann mit ihren Lippen und so, dass er es sehen konnte. Er nickte zum Abschied. Bevor Maserati nach Hause fuhr, drehte sie ihm noch mal das Gesicht zu und sagte: „Du kennst doch die Villa? Die Leute suchen jemanden, der den Garten macht.“

Theo sah man fast nie im Dorf. Aber Maserati traf Caspar jeden Morgen am See, egal, wie früh sie schwimmen ging. Er selbst sprang aber nie ins Wasser, sondern las auf seinem Handy. Nach dem Schwimmen reichte er ihr seinen Kaffeebecher und sie unterhielten sich.

Am nächsten Montag hatte Maserati gerade die Tomaten gegossen, als sie den Mann in der Einfahrt entdeckte. „Hallo, Herr Reinhardt“, grüßte sie. „Tut mir leid, wir haben jetzt montags geschlossen.“ „Das Tor stand offen, da dachte ich ... Wie geht’s dir?“, fragte er und zog ein Notizheft hervor. „Mir geht es bestens, danke“, sagte Maserati.

„Du warst am 14. April das letzte Mal in der Schule", sagte Herr Reinhardt. Maserati schwieg.

„Warum die Krankmeldungen? Warum kommst du nicht mehr? Was ist passiert?", fragte Herr Reinhardt.

Sie schluckte. „Weil ich nicht muss. Ich hab doch die zehnte Klasse abgeschlossen."

„Das stimmt", sagte er. „Ich habe mit den Kollegen gesprochen. Du wirst auch dieses Jahr versetzt. Erst die nächsten beiden Jahre zählen fürs Abitur. Mach den Abschluss, danach kannst du tun, was du willst."

„Ich muss jetzt hier weitermachen", sagte Maserati.

Im Gehen drehte sich Herr Reinhardt noch einmal um.

„Ich weiß doch, dass du die ganze Zeit hier arbeitest", sagte er. „Du musst kein Geheimnis daraus machen."

„Das geht niemanden etwas an", sagte Maserati.

„Denk bitte trotzdem darüber nach, was ich gesagt habe", bat der Lehrer.

„Okay", log sie.

Endlich stieg er auf sein Rad und fuhr davon.

Manche Gespräche waren anstrengender, als einmal komplett die Küche zu putzen.

Sie schloss gerade das Tor, als jemand hinter ihr sagte: „Komm mit. Ich muss dir etwas zeigen." Es war Theo, seine Stimme ähnelte Caspars Stimme. Aber Caspar war vor zwei Tagen zu seiner Familie in die Stadt gefahren.

Theo ging zur Villa voran. Maserati war noch nie dort gewesen. Der Weg führte durch den Garten. Rechts und links vom Weg wuchsen Kirschbäume. Die Villa selbst war dunkel und groß. Maserati folgte Theo hinein. Sie liefen an einer glänzenden Steintreppe vorbei und durch das Erdgeschoss. Theo machte eine Tür auf.

Kapitel 3

Maserati ging vorbei an den Umzugskisten und dem großen Bett und sah aus dem Fenster. Draußen im Garten stand Georg mit einem Handwerker.

Theo kniete sich hin, neben ihm schon wieder die verdammte Schallplatte. Eigentlich nur die Hülle, die Platte lag auf dem Schallplattenspieler, der auch auf dem Boden stand.

„Hör mal genau hin“, sagte Theo.

Maserati kniete sich neben ihn. Eine männliche Stimme sang, umrahmt von Gitarre und Schlagzeug, auf Englisch.

„Ich verstehe nichts von Musik“, sagte Maserati.

„Jetzt hör doch einmal zu“, sagte Theo. Und sie hörten das Lied zum zweiten Mal. „Hast du es gehört?“, fragte er.

„Was genau soll ich gehört haben?“, fragte Maserati.

„Im Lied kommt dein Name vor, auf Englisch“, sagte Theo.

„Ich kann nicht so gut Englisch“, sagte Maserati, obwohl sie jedes Wort verstanden hatte.

„Das bist du“, sagte Theo. „Du bist auf dem Cover. Und du kommst in dem Lied vor. Wie kann das sein?“

„Zufall“, sagte Maserati. „Was willst du jetzt von mir?“

„Nichts“, sagte er. „Willst du es noch mal hören?“

„Auf keinen Fall. Die ganze Musik klingt so, dass man freiwillig zum Fenster hinausspringen will.“

Er zuckte zurück, als hätte sie ihn geschlagen.

Sie hatte irgendetwas Falsches gesagt. Sie murmelte eine Entschuldigung, aber Theo hatte sich abgewandt.

Er legte sich aufs Bett, mit dem Gesicht zur Wand.

„Ich muss jetzt ein wenig allein sein“, sagte er.

Fortsetzung folgt

1. **In der Gaststätte ist jetzt immer viel zu tun.**
   Wofür sorgt Maserati? Ergänze die Sätze.

frei – geschlossen

Maserati sorgt für einen Ruhetag. Das bedeutet, dass die Gaststätte an einem Tag in der Woche ____________ ist. Maserati und ihre Oma haben nun jeden Montag ____________ .

2. **Maserati besucht Georg.**
   Was hast du über Georg erfahren?
   Sind die Sätze richtig oder falsch? Kreuze an.

	richtig	falsch
Georg ist genervt von Maserati.	☐	☐
Georg lebt allein.	☐	☐
Er ist gut aussehend.	☐	☐
Er ist jünger als Maserati.	☐	☐
Georg ist ein paarmal sitzen geblieben.	☐	☐
Er ist älter als Maserati.	☐	☐
Er hat die Schule ohne Abschluss verlassen.	☐	☐
Georg kann nicht hören.	☐	☐
Er ist geschickt mit seinen Händen und kann gut im Garten arbeiten.	☐	☐

3. **Wie verständigt sich Georg mit Maserati? Kannst du die Antwort lesen? Schreibe sie richtig auf.**

Georg macht Gesten, er bewegt also seine Hände.

Er sieht an Maseratis Lippen, was sie sagt.

4. **Maserati sucht im Internet nach dem Songtitel. Was findet sie heraus? Markiere es auf Seite 24.**

5. **Vermute: Was empfindet Georg für Maserati? Und was empfindet Maserati für Georg? Schreibe zuerst die Überschrift** Georg und Maserati **in dein Heft. Schreibe dann deine Vermutungen auf. Tipp: Lies noch einmal die Seiten 23 und 24.**

6. **Maserati hat in diesem Kapitel einige Begegnungen. Welchen Menschen begegnet sie? Verbinde.**

Wen trifft Maserati morgens am See?	der Lehrer Herr Reinhardt
Wer besucht Maserati in der Gaststätte?	Theo, der Sohn von Annabell
Wer nimmt Maserati mit zur Villa?	Caspar, den Cousin von Theo

7. Maserati geht nicht zur Schule. Sie arbeitet bei Oma in der Gaststätte. Warum macht sie das wohl? Schreibe deine Vermutung auf und begründe sie.

____

____

____

8. Wie heißt der Schulabschluss, den Maserati erreichen kann? Setze die Silben richtig zusammen.

tur A bi das ____________

9. In der Geschichte wird nicht immer alles erzählt. Du kannst dann selbst Vermutungen anstellen. Lies den folgenden Text. Welche drei Sätze sind Vermutungen? Markiere sie.

Caspar ist in die Stadt gefahren. Vielleicht wohnt er mit seinen Eltern dort. Theo will wissen, warum Maseratis Gesicht auf der Schallplatte ist und ihr Name in einem Song vorkommt. Maserati sagt, dass das ein Zufall ist. Es scheint so, als ob sie nicht darüber reden will. Sie sagt zu Theo, dass die Musik so klingt, dass man freiwillig aus dem Fenster springen will. Theo will danach lieber allein sein. Anscheinend haben ihn Maseratis Worte sehr traurig gemacht.

10. Gehörlose Menschen wie Georg benutzen oft die Gebärdensprache. Was ist das? Informiert euch im Internet.

Kapitel 4: Der Ausflug

Audio

Mit Beginn der Sommerferien gab es immer mehr Gäste. Sie freuten sich, dass die Gaststätte genauso aussah wie auf den Bildern, die sie im Internet gesehen hatten. Die meisten Gäste bestellten Teigtaschen mit Hack. Ausgerechnet am ersten Ferienwochenende schlief Oma bis zum Nachmittag. Familien mit Schulkindern kamen und Maserati zwang sich, die Kinder nicht anzustarren. Seit Jahren hatte sie immer wieder das Gefühl, dass eins von ihnen ihr kleiner Bruder Paris sein könnte.

Maserati hatte Paris lange nicht gesehen, und sie versuchte, seine Körpergröße am Beispiel der anwesenden Kinder auszurechnen.

Vielleicht würde er sie gar nicht erkennen, wenn er vor ihr stand, weil er sie bereits vergessen hatte.

Sie wollte nicht weiter über Paris nachdenken.

Da rief jemand: „Krieg ich auch ein Eis?“ Es war Caspar, der sich zwischen den Kindern durchdrängte. Er schien nicht zu sehen, wie viel Maserati gerade zu tun hatte.

„Ich hab dich vermisst, Ferrari“, sagte er und lächelte.

„Wir haben Sommerferien, du musst Theo und mir ein paar spannende Dinge hier zeigen“, sagte er.

Maserati drehte sich nur um und ging in die Küche zum Geschirrspüler. Sie stopfte ihn voll, gab das Pulver hinein und schaltete das Gerät ein. Die Maschine gurgelte und stockte. An der Vorderseite leuchteten alle Lämpchen auf einmal. Maserati versuchte es noch einmal. Nichts.

Sie hätte heulen können.

„Maserati.“ Caspar stand in der Küchentür. „Hab ich vorhin etwas Falsches gesagt? Verzeih mir, du weißt doch, wie viel Unsinn ich immer rede.“

„Es geht nicht um dich“, sagte Maserati. „Ich hab vielleicht viel zu tun, sieht man das nicht?“

„Ich wollte doch nur etwas mit dir unternehmen.“

„Ich *unternehme* nichts“, sagte Maserati.

„Ich meinte doch, weil gerade Ferien sind“, erklärte er.

„Für dich, Caspar. Ich muss arbeiten. Und außerdem ist der Geschirrspüler kaputt.“

Sie trat wie ein trotziges Kind gegen die Maschine und hielt sich danach den schmerzenden großen Zeh fest.

„Hast du dir wehgetan?“ Er kam einen Schritt näher.

„Nein. Bitte geh jetzt, okay? Ich muss weitermachen."
Als er endlich weg war, schloss Maserati die Küchentür, lehnte sich dagegen und heulte richtig.

Oma sagte zum kaputten Geschirrspüler bloß:
„Dann waschen wir das Geschirr mit der Hand."
Oma pflückte gerade Johannisbeeren im Garten.
„Wir sollten Gästezimmer anbieten", sagte sie und guckte unter ihrem Sonnenhut zum Haus. „Das Haus war früher mal ein Hotel. Ein hübsches Landhotel."
„Oma, wir sind zu zweit. Das wird zu viel", sagte Maserati.
„Lenchen könnte uns helfen", sagte Oma.
Maserati atmete ein paarmal tief ein und wieder aus.
Widersprechen machte es nur schlimmer.
„Klar", sagte sie. „Ich muss los, Oma."
Sie schrieb „geschlossen" auf die Tafel und rannte mitten am Tag zur Badestelle und sprang ins Wasser.
Sie drehte sich auf den Rücken und ließ sich eine Weile auf dem Wasser treiben. Als sie zum Steg der Villa schaute, saß dort jemand mit den Beinen im Wasser und winkte ihr zu. Es war Theo. Und Theo lächelte!
Vor Überraschung darüber schluckte sie Wasser.
Als Maserati in ihrem nassen Badeanzug vor ihm stand, zog Theo sein Hemd aus und hielt es ihr hin.
„Nimm es zum Abtrocknen", sagte er.
„Ach Quatsch." Sie schob seine Hand zurück.
„Du erkältest dich", sagte Theo.
Um nicht noch länger halb nackt vor ihm zu stehen, nahm sie es.
„Warum lachst du so? Sehe ich blöd aus?", fragte sie.
„Ich freu mich. Ich dachte, wir sehen uns gar nicht mehr."

„Warum dachtest du das?“, fragte Maserati.

„Wegen dieser Schallplatten-Geschichte. Ich wollte mich schon die ganze Zeit entschuldigen“, sagte Theo.

„Ist schon okay“, sagte sie. „Komm, wir schwimmen.“

Theo stieg aus seiner Jeans und man konnte seine schwarze Unterhose tatsächlich für eine Badehose halten. Er ging an ihr vorbei und sprang ins Wasser. Dann drehte er ihr sein lächelndes Gesicht zu und winkte. Sie nahm Anlauf und sprang auch hinein.

Als Maserati in die Gaststätte zurückkehrte, hörte sie Geklapper aus der Küche. Aber am Spülbecken stand nicht Oma, sondern Caspar. Seine Hände waren voller Schaum und überall lag nasses Geschirr herum.

„Was machst du da?“, rief Maserati.

„Du hattest völlig recht“, erklärte Caspar und wischte sich über die Stirn. „Ich bin ein verwöhntes Arschloch. Ich habe Ferien und du arbeitest die ganze Zeit. Deswegen habe ich mir etwas überlegt: Ich mach dir eine Woche lang den Abwasch. Dafür unternimmst du am Montag etwas mit mir.“

Caspar hielt Wort. Er kam am Dienstag, Mittwoch und Donnerstag. Als er am Donnerstag mit dem Abwasch fertig war, sah Maserati entsetzt auf seine roten Finger. Sie nahm sie, drehte sie um und fuhr mit ihren Fingern vorsichtig über die Blasen auf seinen Handflächen.

„Das wird wieder“, sagte er, zog die Hände sanft zurück und drückte Maserati für einen Moment an sich.

Am Freitag schickte Maserati verzweifelt eine Nachricht an Georg. Sofort kam er mit einem Werkzeugkasten.

Eine Stunde später lief die Spülmaschine wieder.
„Was für ein toller Junge“, sagte Oma zu Maserati, während Georg danebenstand und Teigtaschen aß.

Am Montagmorgen stand Maserati mit ihrem Fahrrad pünktlich vor der Villa. Ihre weißblonden Haare trug sie heute offen. Das Tor ging auf und Caspar, Theo und ein fremdes Mädchen kamen mit ihren Rädern heraus.
„Ich bin Elisabeth. Ich hoffe, es ist okay, wenn ich mitkomme?“, sagte das Mädchen, das seine goldblonden langen Haare ebenfalls offen trug.
„Natürlich. Los geht’s“, sagte Maserati und lächelte.
Sie fuhr vor, erst ein Stück auf der Landstraße, dann bog sie in den Wald ab. „Alles okay?“, rief sie nach hinten.
Sie lenkte die kleine Gruppe auf einen Sandweg.
Ab hier mussten sie schieben.
„Haben wir ein Ziel?“, fragte Caspar.
„Das siehst du gleich“, antwortete Maserati.
„Oh, das sind ja Kirschen!“, rief Caspar jetzt.
„Was ist das für ein Garten?“, fragte Elisabeth.
„Das weiß keiner“, antwortete Maserati.
Sie kämpften sich durch hohes Gras. An einigen Bäumen leuchteten rote Früchte. Caspar sprang hoch.
„Sie sind noch nicht richtig reif“, warnte Maserati.
Caspar probierte trotzdem ein paar unreife Kirschen.
Elisabeth schrie auf, als ein paar Rehe aus dem Gebüsch sprangen. Dann lachten sie und Caspar laut.
„Wollen wir schon mal vorfahren und das glückliche Paar hier allein lassen?“, fragte Maserati Theo leise.
„Gute Idee“, sagte Theo.

Fortsetzung folgt

Kapitel 4

1. In den Ferien kommen viele Familien mit Kindern in die Gaststätte. Woran denkt Maserati wohl, wenn sie die Kinder sieht? Ergänze die Denkblase.
   Tipp: Lies noch einmal die Seiten 30 und 31.

Ich habe meinen kleinen B__________

so lange nicht gesehen. Wie groß ist

P__________ wohl inzwischen?

2. Caspar kommt auch in die Gaststätte.
   a) Lies noch einmal, was er zu Maserati sagt.

Ich hab dich vermisst, Ferrari.
Wir haben Sommerferien,
du musst Theo und mir
ein paar spannende Dinge hier zeigen.

   b) Wie reagiert Maserati? Kreuze an.

- ☐ Maserati freut sich.
- ☐ Maserati sagt, dass sie nicht „Ferrari“ genannt werden will.
- ☐ Maserati geht wortlos zum Arbeiten in die Küche.

   c) Was denkst du: Warum reagiert Maserati so? Schreibe eine Vermutung auf.

____

____

____

3. In der Küche geht ein Gerät kaputt. Welches? Streiche die falschen Antworten durch.

der Kühlschrank der Herd der Geschirrspüler

4. Die Oma von Maserati ist manchmal etwas durcheinander. Wie nennt man das auch? Markiere die richtigen Wörter.

die Vergesslichkeit	die Erkältung
die Kopfschmerzen	die Gedächtnis-Schwäche

5. Oma schlägt vor, Zimmer für Gäste zu vermieten. Maserati sagt, dass das zu viel Arbeit für sie beide ist. Wie geht das Gespräch weiter? Kreuze an.

- ☐ Oma sagt, dass Lenchen helfen kann. Maserati will, dass Oma weiß, wie es wirklich ist. Sie widerspricht ihr. Sie erklärt: „Lenchen ist nicht hier, sie kann nicht helfen und sie will es auch gar nicht.“
- ☐ Oma sagt, dass Lenchen helfen kann. Maserati will die Oma nicht noch mehr verwirren und widerspricht ihr nicht. Sie atmet ein paarmal ein und aus und läuft dann zum See.

6. Drei Jungen tun etwas für Maserati. Wer tut was? Ergänze die richtigen Namen.

Er schwimmt mit Maserati im See. ____________________

Er spült das Geschirr mit der Hand. ____________________

Er repariert die Spülmaschine. ____________________

7. Maserati hat einen Ausflug geplant. Wie beginnt er?

a) Lies noch einmal Seite 34 und sieh dir das Bild auf Seite 30 genau an.

b) Schreibe eine Zusammenfassung in dein Heft. Beantworte dabei die folgenden Fragen:

- Wo steht Maserati am Montagmorgen pünktlich?
- Wer kommt mit auf den Ausflug?
- Was haben alle dabei?
- Wohin fahren sie?
- Was entdecken sie dort?

Du kannst so beginnen:

Der Ausflug
Am Montagmorgen steht Maserati ...

8. Maserati macht Theo einen Vorschlag. Lies auf Seite 34 noch einmal die Zeilen 126 und 127.

a) Warum sagt Maserati das? Ergänze die Sätze.

Elisabeth – Theo – Caspar – Maserati

Maserati ärgert sich über ________________ . Er lacht mit ________________ und kümmert sich nur um sie. Das stört ________________ . Deshalb will sie die beiden allein lassen und mit ________________ wegfahren.

b) Wie fühlt sich Maserati vermutlich? Kreise ein.

zufrieden eifersüchtig froh gelangweilt

9. Wie geht die Geschichte wohl weiter? Sprecht darüber.

Kapitel 5: Blicke im Spiegel

Audio

Maserati und Theo sprangen auf ihre Räder. Maserati fuhr mit ihrem klappernden Rad vor, Theo folgte ihr.

Vor dem Ortsschild lenkte Maserati ihr Rad mitten in ein paar Büsche. Sie schob trockene Zweige zur Seite und eine Steintreppe war zu sehen.

„Hier herein“, sagte Maserati. „Herzlich willkommen in der Vergangenheit.“ Theo schaute überrascht.

Dann liefen sie die Treppe hinunter und kamen zu einem Zaun mit einem Loch. Maserati quetschte sich durch das Loch, ohne sich einen Kratzer zu holen.

Theo blieb mit seinem T-Shirt im Zaun hängen.

„Schlimm?“, fragte Maserati, aber er schüttelte den Kopf.

Hinter dem Zaun war ein riesiges Haus, wie ein Palast mit Säulen am Eingang. Einige Fenster waren zugenagelt.

„Was war das früher mal?“, fragte Theo.

„Ein Krankenhaus, das ist aber lange her.“ Maserati führte Theo um das alte Haus herum. „Das war übrigens meine Mutter auf dem Platten-Cover“, sagte sie.

„Das Gesicht, das mir angeblich ähnlich sieht.“

„Und das du angeblich nicht kanntest“, sagte Theo.

„Ich kannte das Bild wirklich nicht. Auch nicht die Band“, sagte Maserati.

„Aber wie kann das sein?“, fragte Theo.

Maserati zuckte mit den Schultern. „Ich denke, meine Mutter erinnert sich selbst nicht mal daran.“

„Und die Musik?“, fragte Theo. „Hat niemand in deiner Familie mit der Musik etwas zu tun?“

„Garantiert nicht. Ich hasse Musik.“

„Jede Musik?“, fragte Theo.

„Ja“, antwortete Maserati.

„Weißt du, wie seltsam das klingt?“, sagte Theo.

„Ja“, sagte Maserati. „Ich *bin* seltsam, okay? Ein seltsames Mädchen, das in einem Dorf lebt, nach Pommes-Fett riecht und niemals die Schule abschließen wird. Und meine Mutter sieht inzwischen ganz anders aus als auf dem Platten-Cover.“

In dieser Nacht reichte Maserati ein kurzer Schlaf. Als die Sonne aufging, fühlte sie sich ausgeruht. Maserati nahm ein Handtuch und lief zur Badestelle. Am Steg entdeckte sie Caspar.

„Hey!“, grüßte sie überfreundlich. Dass sie strahlte und Caspar schlecht gelaunt war, kam sonst nicht vor.

„Du hättest ruhig sagen können, dass du mit Theo allein sein willst“, sagte Caspar. „Hat es Spaß gemacht, uns einfach stehen zu lassen?“

„Euch stehen zu lassen? Dich mit ...“ Maserati zögerte.

„Elisabeth ...“, sagte Caspar. „Wir haben euch überall gesucht. Und auf Theos Handy angerufen, aber das war aus. Und du hast ja nie eins dabei.“

„Das war doof von mir“, sagte sie. „Ich hätte dafür sorgen müssen, dass ihr sicher nach Hause kommt.“

„Aber um Sicherheit geht es doch gar nicht!“, rief Caspar.

Seine ehrliche Wut freute Maserati. Sie nahm Anlauf und sprang ins Wasser. Als sie sich wieder zum Ufer umdrehte, war Caspar nicht mehr da.

Maserati zog ein Kleid an, denn Georg lud sie an diesem Montagabend zum Essen ein. Als sie herunterkam, war Georg schon da. Oma unterhielt sich mit ihm. Das heißt, sie redete, während Georg freundlich nickte. „Na endlich!“, sagte Oma zu Maserati.

Georgs Lippen formten eine lautlose Begrüßung. Maserati machte es genauso und warf dann ihre offenen Haare über die Schulter zurück.

„Wie Lenchen“, sagte Oma kopfschüttelnd.

Georg hob die Hand zum Abschiedsgruß und deutete eine leichte Verbeugung in Omas Richtung an.

Er machte alles perfekt. Maserati konnte sich vorstellen, wie gut Oma das gefiel.

Georgs Auto stand gleich vor der Einfahrt. Er hielt ihr die Autotür auf. Dann fuhr er mit ihr in die Stadt.

Georg parkte direkt vor dem Sushi-Restaurant. Sie wurden von einem Kellner in einem weißen Hemd zu einem Tisch am Fenster geführt.

„Wollen wir nicht lieber an der Theke sitzen?“, fragte Maserati. Georg nickte.

Sie kletterte auf den Hocker, hob den Blick und sah sich selbst in dem großen Spiegel, der hinter der Theke hing. „Ich weiß echt nicht, was ich bestellen soll. Alles sieht toll aus“, sagte sie fröhlich.

Das Spiegelbild hatte sie wachgerüttelt. Sie wollte nicht unglücklich aussehen. Wenn Georg mit ihr ausging, hatte er eine fröhliche Begleitung verdient.

Und dann gab es Sushi-Rollen, die in kleinen Schalen hübsch angerichtet waren. Maserati griff zu. Georg lächelte und nahm sich zwei Schälchen.

Maserati betrachtete sich selbst und Georg im Spiegel. Im Spiegel sah sie dann, wie die Eingangstür aufging. Eine viel zu laute Menschengruppe drängte in den Raum. Als Erstes erkannte Maserati ausgerechnet Elisabeth, mit braun gebrannten Beinen in schneeweißen Shorts. Theos blasses Gesicht tauchte hinter Elisabeth auf. Die Gruppe setzte sich an den Tisch am Fenster. Maserati konnte ihr Gespräch gut hören.

„Ob der rohe Fisch auch wirklich frisch ist?“

„Nimm doch die Rollen mit Gurke.“

„Leute, seid nicht so feige. Das hier ist keine Gaststätte wie in unserem Dorf, wo man nur aus Mitleid hingeht.“

„Das aber umso öfter, was?“

In diesem Moment sahen sich Maserati und Caspar im Spiegel. Caspars Gesicht wurde ganz weiß. Dazu kam noch Theos entsetzter Blick.

Warum dachte Maserati, es könnte für sie unangenehm sein, hier mit Georg gesehen zu werden? Wovor fürchtete sie sich? Sie meinte, dass alle aus der Ecke am Fenster sie anstarrten. Aber jetzt wusste sie Bescheid. Sie brauchte nicht mehr zu hoffen. Ihr konnte nichts mehr passieren. Maserati lächelte breit und winkte der ganzen Gruppe zu.

Es war plötzlich ganz einfach, Caspar anzulächeln, der jetzt regelmäßig in die Gaststätte kam. Seit dem Abend im Sushi-Restaurant wollte er nicht aufhören, sich zu entschuldigen. Er sagte: „Verzeih mir. Ich bin ein Idiot. Ich meinte es nicht so.“ „Kein Problem“, antwortete sie. „Ich bin so ein Schwein“, sagte er und heulte fast. „Beruhige dich doch. Willst du einen Kaffee?“, fragte Maserati. Sie wollte keine persönlichen Unterhaltungen mit ihm in der Gaststätte führen.

„Was machst du, wenn ich mir vor Verzweiflung etwas antue?“, fragte Caspar sie eines Morgens am Steg. Sie zuckte mit den Schultern. „Du willst reden? Okay. Was willst du eigentlich von mir?“, fragte sie ihn. „Ich will, dass du verstehst, dass ich es nicht so gemeint habe. Ich rede immer dummes Zeug“, sagte Caspar. Maserati wurde wütend. Sie rief: „Ist es dir so wichtig, dass auch die arme Küchenhilfe auf dich steht?“ „Was?“, rief Caspar. „Du willst aber auch alles falsch verstehen!“ Doch Maserati war schon im Wasser.

Fortsetzung folgt

1. **Maserati führt Theo zu einem verlassenen Ort.**
   Welches Bild zeigt den Ort? Kreuze es an.
   Tipp: Lies noch einmal die Seiten 38 und 39.

☐  ☐ 

2. **Maserati redet mit Theo. Was sagt sie zu ihm?**
   Streiche die falschen Antworten durch.

Auf dem Platten-Cover ist das Gesicht von Maseratis Mutter / Oma / Schwester.
Das Bild und die Band kennt Maserati kaum / gut / nicht.
Maserati liebt / hasst / macht Musik.

3. **Maserati beschreibt sich selbst als seltsam.**
   Beschreibe du sie. Ergänze den Steckbrief.

ihrer Oma – hat lange, weißblonde Haare – selbstständiges Mädchen – arbeitet in der Gaststätte ihrer Oma

Maserati

Typ: selbstständiges ______

Aussehen: ______

Sie lebt bei: ______

Tätigkeit: ______

______

4. Maserati trifft Caspar an der Badestelle. Die beiden sprechen über den Ausflug. Was erfährst du? Kreuze an.

- ☐ Caspar ist wütend, weil Maserati und Theo plötzlich weg waren.
- ☐ Caspar wollte mit Elisabeth allein sein.
- ☐ Caspar und Elisabeth haben Theo und Maserati gesucht.
- ☐ Caspar hatte Angst um seine Sicherheit.
- ☐ Caspar war eifersüchtig auf Theo.

5. Was vermutest du über Maserati und Caspar? Schreibe es in eigenen Worten auf.

____

____

____

6. Georg lädt Maserati in ein Sushi-Restaurant ein.
a) Was ist Sushi? Recherchiere im Internet.
b) Streiche die falschen Wörter durch.

Sushi nennt man Häppchen aus Reis / Nudeln.
Es gibt sie mit Gemüse und Fleisch / Fisch.
Sushi wird kalt / heiß gegessen.

7. Eine Gruppe von Jugendlichen kommt in das Restaurant. Wer ist dabei? Schreibe die Namen auf.
Tipp: Lies noch einmal Seite 41.

____

8. Maserati kann das Gespräch der Gruppe hören.

a) Wer sagt vermutlich den Satz in der Sprechblase? Schreibe den Namen dazu. Tipp: Lies auf Seite 41 noch einmal die Zeile 100.

__________________ Es ist keine Gaststätte wie in unserem Dorf, wo man nur aus Mitleid hingeht.

b) Welche Gaststätte ist gemeint? Schreibe es auf.

____

9. Durch das, was Maserati hört, verändern sich ihre Gefühle. Was ändert sich? Ergänze die Sätze.

__________________ (Zuerst / Später) ist Maserati eifersüchtig, weil Caspar wieder mit Elisabeth unterwegs ist.

__________________ (Vorher / Dann) fühlt sie sich tief verletzt, weil Caspar schlecht über die Gaststätte ihrer Oma redet.

__________________ (Damit / Deshalb) glaubt sie nicht mehr, dass Caspar sie mag und gut findet. __________________ (Am Anfang / Am Ende) fühlt sie sich aber auch wie befreit und kann wieder einfach so sein, wie sie ist.

Kapitel 6: Geheimnisse

Audio

Vor wenigen Wochen noch waren die Kirschen fest, bitter und weißlich, jetzt leuchteten blutrote Früchte an den Bäumen. Oma wurde ganz aufgeregt. Maserati musste nicht mehr so viel in der Küche arbeiten. Jetzt sollte sie für Oma immer wieder volle Körbe mit reifen Kirschen heranschleppen. Oma wollte Marmelade kochen. Aber wie jedes Jahr stellte sie fest, dass die Süßkirschen dafür nicht geeignet waren. Eingekocht verloren sie an Farbe und Geschmack.

„Wir machen Kirsch-Teigtaschen“, verkündete Oma.
„Das sollst du noch lernen, bevor ich tot bin.“
Der erste Versuch misslang völlig. Der Teig konnte die besonders saftige Füllung nicht halten.
Oma probierte weiter. Eine Woche später setzte sie stolz Teigtaschen mit Kirschfüllung auf die Speisekarte.
„Altes Familienrezept“, sagte Oma zu Annabell, die die neuen Teigtaschen probierte.
„Das Rezept ist bestimmt geheim, oder?“, fragte Annabell.
„Sehr geheim“, sagte Oma.
„Schade. Sie könnten Kochkurse geben“, sagte Annabell.
„Ach was“, meinte Oma.

Eines Tages sah Annabell Maserati auf der Straße.
„Hast du einen Moment Zeit? Gehst du ein paar Schritte mit mir?“, fragte Annabell.
Sie liefen eine Weile schweigend nebeneinander her.
Dann sah Annabell sich um, als ob sie sichergehen wollte, dass niemand mithörte. „Bitte gib ihm noch eine Chance“, sagte sie.
„Wem?“, fragte Maserati.
„Theo“, antwortete Annabell.
„Theo? Warum sagen Sie so etwas?“, fragte Maserati.
„Weil ich mich um ihn sorge“, sagte Annabell. „Er wird mich dafür hassen, aber ich muss es dir einfach erklären.“
„Erklären Sie es mir lieber nicht“, sagte Maserati.
„Ich habe keine Wahl“, sagte Annabell.
Dann erzählte sie Maserati, was Theo passiert war.

Hinterher war Maserati wütend auf Annabell. Sie brauchte keine fremden Geheimnisse.

Natürlich dachte Maserati jetzt anders über Theo. Also fragte sie ihn am nächsten Tag, ob er ihr beim Kirschenpflücken helfen wollte. Er kam mit.

„Es ist schön hier“, sagte Theo und griff in den Korb, der halb voll war mit Kirschen. „Ich dachte, du wirst uns Caspars blödes Gequatsche im Sushi-Restaurant nie verzeihen.“

„Ich kann schon zwischen euch beiden unterscheiden“, sagte Maserati trocken.

Theo nahm eine Kirsche aus dem Korb, biss sie an und spuckte sie wieder aus. „Da sind ja Würmer drin!“

„Was denkst du denn? Bei uns wächst reine Natur“, sagte Maserati.

„Und so was serviert ihr Gästen?!“, rief Theo empört.

„Ihr seid so lächerlich, ihr Stadtmenschen“, sagte Maserati. „Man darf nicht so genau hinschauen.“

Sie nahm ein paar Kirschen und warf sie sich in den Mund. Während sie vorsichtig kaute, spuckte sie einen Kern nach dem anderen in Theos Richtung.

„Und das hier machen wir auch als Wettkampf“, nuschelte sie. „Ich habe schon dreimal gewonnen.“

Sie griff erneut in den Korb. „Hier, mach mit. Wenn du hier leben willst, musst du das auch lernen“, sagte sie.

Maserati brachte gerade Küchenabfälle weg, als sie ein Motorgeräusch hörte. Ein Auto mit offenem Dach, das ihr wie ein großes Spielzeugauto vorkam, hielt vor der Einfahrt. Eine Frau, die wie eine Barbie-Puppe aussah, stieg heraus. Sie hatte gebräunte Haut und endlos lange Beine. Ihre schwungvoll fallenden Haare mussten künstlich verlängert sein.

Sofort kam sich Maserati winzig vor. Es gab nichts, was so schön und zugleich so schrecklich aussah wie ihre Mutter.

Die lebende Barbie-Puppe stand unsicher neben dem Auto und blickte in Richtung Zaun.

Plötzlich schossen Maserati Tränen in die Augen.

Am liebsten wäre sie ins Haus gelaufen.

Doch sie rannte auf die Barbie-Puppe zu, damit sie nicht näher zur Gaststätte kam.

„Maserati … So groß geworden!“, sagte die Barbie-Puppe.

„Was machst du hier?“, flüsterte Maserati und sah sich immer wieder voller Sorge zum Haus um. „Du hast versprochen, niemals mehr hierher zu kommen.“

„Du gehst nie an dein Telefon“, sagte die Barbie-Puppe.

„Ich hab es verloren“, log Maserati.

„Ich hab doch Sehnsucht nach euch.“ Die Barbie-Puppe versuchte, um Maserati herum zum Haus zu laufen.

Maserati stellte sich ihr in den Weg und flüsterte: „Bitte geh. Lass uns in Ruhe.“ Hoffentlich wird sie jetzt nicht laut, dachte Maserati. „Bitte geh“, flüsterte sie noch mal. „Bevor Oma dich sieht.“

„Aber ich vermisse euch. Genau wie deinen Bruder.“

„Ich komme dich besuchen“, log Maserati verzweifelt.

„Versprochen?“, fragte die Barbie-Puppe.

„Ich schwöre“, sagte Maserati. „Bitte, fahr jetzt.“

Es war zu spät. Oma schaute zur Tür hinaus.

„Fahr!!“, schrie Maserati.

Die Barbie-Puppe zuckte zusammen, stieg aber schnell in das Auto und fuhr ab.

„Wer war das?“, fragte Oma.

„Sie hat nur nach dem Weg gefragt“, sagte Maserati.

Da sah sie Annabell an der Einfahrt stehen.

„War die Frau da eben nicht diese …?“, fragte Annabell, als Oma wieder im Haus war.

„Ja“, sagte Maserati.

„Ihr kennt euch näher?“, fragte Annabell.

„Sie haben doch alles gehört“, antwortete Maserati.

„Du warst nicht sehr nett zu ihr“, sagte Annabell.

„Weil Oma wegen ihr krank im Kopf ist“, sagte Maserati. Sie sprach es zum ersten Mal in ihrem Leben laut aus. Die Erleichterung war überwältigend. „Meine Oma kann meine Mutter so nicht ertragen. Wenn Sie öfter Klatsch-Zeitschriften lesen, dann kennen Sie den Grund.“

„Ach“, sagte Annabell langsam, „ging es nicht um Alkohol? Du warst aber nicht das Kind, das eine Woche lang in der Wohnung vergessen wurde?“

„Nein, das war mein kleiner Bruder“, sagte Maserati und ging ins Haus.

„Wer war das?“, fragte Oma wieder, als Maserati in die Küche kam. „Wer war diese Frau im Auto?“ Omas Stimme zitterte. Maserati hatte das Gefühl, dass sie ihre Oma beschützen musste. Aber Schweigen funktionierte nicht, also redete Maserati einfach drauflos. „Die Leute aus der Villa, die haben echt Probleme. Dieser blasse Junge mit den dunklen Haaren, der hat mit seinem Freund gekifft, und der Freund ist dann aus dem Fenster im fünften Stock gestürzt. Der Freund war dann … na ja, kannst du dir vorstellen. Und der Junge ist seitdem nicht mehr derselbe.“

Es half tatsächlich. Oma ließ sich ablenken. Sie hörte aufmerksam zu und sagte dann: „Hol mal die Butter aus dem Kühlschrank. Ich will später backen.“

Fortsetzung folgt

Kapitel 6

1. **Manchmal wird in dieser Geschichte etwas nur angedeutet und erst später genauer erzählt. Ein Beispiel dafür gibt es in diesem Kapitel. Finde die Textstellen und notiere die Seitenzahlen.**

   Annabell hat Maserati etwas über Theo erzählt. Was genau das ist, erfährst du nicht. Seite ______

   Später erzählt Maserati ihrer Oma, was genau Theo erlebt hat. Seite ______

2. **Wie kam es zu dem Unglück von Theos Freund?**
   a) Lies den Text oder höre ihn dir an. **Audio**
   b) Markiere wichtige Informationen.

Der Drogen-Rausch

Theo und sein Freund haben gekifft. Kiffen bedeutet, Cannabis zu rauchen. Cannabis ist eine Droge, die unterschiedliche Wirkungen hat. Wer Cannabis raucht, kann in einen Drogen-Rausch geraten. Dabei kann man Dinge und Orte falsch einschätzen oder auch etwas sehen, was gar nicht da ist. Dadurch erhöht sich auch die Unfallgefahr. Der Freund von Theo ist im Drogen-Rausch aus dem fünften Stock gestürzt. Theo ist seitdem anders als früher. Er muss den Schock und die Trauer um seinen toten Freund erst einmal verarbeiten.

3. Maserati kennt jetzt das Geheimnis von Theo. Sie denkt nun anders über ihn.

a) Lies, wie sie mit Theo bei ihrem Treffen umgeht.

Maserati nimmt Theo mit zum Kirschenpflücken. Sie redet mit ihm und macht mit ihm Quatsch. Maserati spricht nicht über das, was Annabell ihr erzählt hat.

b) Was denkst du: Fühlt sich Theo durch das Treffen besser? Kreuze an.

- ☐ Ja, weil es Theo von seiner Trauer ablenkt.
- ☐ Nein, weil Theo keine Kirschen mag.

4. Die Mutter von Maserati kommt zur Gaststätte. Maserati nennt ihre Mutter Barbie-Puppe.

a) Wie sieht eine Barbie-Puppe aus? Informiere dich im Internet.

b) Wie sieht Maseratis Mutter aus? Beschreibe es in eigenen Worten oder male ein Bild auf ein Blatt.
Tipp: Sieh dir noch einmal Seite 46 an.

Die Mutter ______________________________

____

____

____

____

____

____

5. Du hast noch mehr Familien-Geheimnisse erfahren. Welche? Ergänze die Sätze.

in der Wohnung – krank im Kopf – ihren kleinen Sohn

Die Mutter von Maserati hatte früher große Probleme mit Alkohol. Alkohol ist eine Droge. Die Mutter hat damals nicht richtig auf ______________________ aufgepasst. Sie hat ihn allein ______________________ gelassen. Maserati denkt, dass die Oma deshalb ______________________ geworden ist.

6. Annabell weiß aus Klatsch-Zeitschriften, was Maseratis Mutter getan hat. Was sind das für Zeitschriften?

a) Lies den Sachtext oder höre ihn dir an. **Audio**

Klatsch-Zeitschriften

Zeitschriften, in denen **mit vielen Fotos** über **Stars** und andere **bekannte Personen** berichtet wird, nennt man auch Klatsch-Zeitschriften. Eigentlich ist „Klatsch“ ein Gespräch über die privaten Dinge von anderen Leuten. In Klatsch-Zeitschriften kommen **vor allem Skandale** vor, also Ereignisse, die Aufsehen erregen und Menschen neugierig machen. **Nicht alles**, was in Klatsch-Zeitschriften steht, **ist wahr**. Die Nachrichten sind oft nur **Gerüchte**. Außerdem gibt es viele **Übertreibungen**.

b) Was hast du im Sachtext auf Seite 53 erfahren? Beantworte die Fragen in ganzen Sätzen.

- Über wen berichten Klatsch-Zeitschriften?

- Was ist „Klatsch“?

- Warum sollte man nicht alles glauben, was in Klatsch-Zeitschriften steht?

7. Wenn Jugendliche Probleme haben, können sie sich an Beratungsstellen wenden.

a) Recherchiert im Internet, wo es bei euch Hilfe für Jugendliche zu diesen Themen gibt:

- Drogen
- Trauer

b) Gestaltet einen Info-Zettel wie im Beispiel.

c) Überlegt, wo ihr euren Zettel aufhängen könnt.

Telefonseelsorge: 0800/1110111 oder ...
Drogen-Beratungsstelle Telefon: ...
Beratung für Kinder und Jugendliche: ...

Kapitel 7: Die Suche in der Nacht

Audio

Maserati klopfte an Georgs Tür. Maserati war hungrig und ihr leerer Magen hatte sich verkrampft. Sie drückte die Hand gegen den Bauch, weil aus dem Ziehen ein echter Schmerz wurde. Voller Sorge brachte Georg sie in die Küche. Er hatte schon gegessen und deckte schnell den Tisch für sie. Maserati setzte sich hin. „Dass du so zu mir bist“, sagte sie zu Georg. „Ich habe das gar nicht verdient.“ Sie hatte auch kein gutes Gefühl dabei, Oma heute Abend allein zu lassen.

Als sie fertig gegessen hatte, wollte sie den Teller abwaschen, doch Georg stellte ihn weg und umarmte sie. Maserati sackte kraftlos in sich zusammen. Georg hob sie hoch, trug sie ins Wohnzimmer, legte sie aufs Sofa und setzte sich dazu. „Ich kann nicht mehr“, murmelte Maserati und schlief erschöpft ein.

Als sie die Augen aufschlug, war es Nacht. Georg neben ihr war im Sitzen ebenfalls eingeschlafen. Maserati stand leise auf und verließ auf Zehenspitzen den Raum. Sie fuhr, so schnell sie konnte, nach Hause. Natürlich stand die Haustür offen, genau so, wie sie es in ihren Albträumen vor sich gesehen hatte. Maserati warf das Rad ins Gras, rannte ins Haus und die Treppen hinauf, während sie nach ihrer Oma rief. In Omas Schlafzimmer brannte Licht. Das Bett war ordentlich gemacht. Der Boden war bedeckt mit bunten Seiten aus Zeitschriften. Maserati griff nach einer der Seiten. Darauf war Magdalena zu sehen. Damals war sie aber noch nicht die *Horrormutter-Magdalena*, das kam erst später. Hier war sie noch die junge *Party-Magdalena*. Auf dem Bild hing sie am Arm eines Typen im Anzug, der wahrscheinlich berühmt oder sehr reich war. Maserati las nicht weiter. Sie drückte die Seite zu einer bunten Kugel zusammen und holte weit aus. Sie wollte die Wand treffen, aber der Papierball flog aus dem offenen Fenster. Nun hielt sie eine andere Seite mit Foto in den Händen, eine Seite von der schlimmeren Sorte.

Magdalena trug eine Sonnenbrille, ihr geschminkter Mund war verbogen wie bei einem weinenden Kind. Das Schlimmste aber war, dass sie von Polizisten abgeführt wurde. Es war bereits die Horrormutter-Zeit. Auf der Seite war auch ein Foto von Paris als Baby. Er hatte Locken und ein hübsches rundes Gesicht. Weil Paris Maserati von diesem Bild aus direkt in die Augen schaute, brachte sie es nicht übers Herz, auch diese Seite zusammenzudrücken. Sie legte sie vorsichtig auf den Boden und strich sie glatt.

Sie wusste, dass es keinen Sinn machte, Oma im Haus zu suchen. Oma war wieder einmal nachts weggelaufen. Maserati sprang auf, als sie Schritte auf der Treppe hörte. Oma konnte es nicht sein, die Schritte waren zu schnell.

„Ich hab dich vorhin auf dem Fahrrad gesehen und ... Was ist denn hier passiert?“ Es war Caspar. „Hast du eine Altpapier-Tonne ausgeleert?“

Er bückte sich und hob eine Seite auf. Er brauchte viel zu lange, bis er fertig gelesen hatte.

„Jetzt verstehe ich“, sagte er. „Das ist ein Archiv.“

„Nicht meins“, sagte Maserati. „Ich wusste nicht mal, dass Oma das ganze Zeug gesammelt hat. Ich habe wirklich versucht, alle Nachrichten von ihr fernzuhalten. Nachdem die Sache mit Paris, meinem Bruder, durch alle Zeitungen gegangen war, da hat sich in ihrem Kopf etwas verändert.“

„Man merkt es kaum“, sagte Caspar.

„Meist kann sie es gut verstecken“, sagte Maserati.

„Sieh mal.“ Caspar hob eine Seite auf. „Die ist ganz neu.“ *Party-Magda mal wieder vor dem Absturz?* stand da groß über dem Bericht. Caspar las noch andere Seiten.

„Ich glaube, ich habe dich gefunden“, sagte er. „Hier. *Die kleine M. kam in eine Pflegefamilie*“, las er vor.

„Das ist gelogen“, sagte Maserati. „Die haben alles verwechselt. Ich wollte bei Oma bleiben. Paris kam in eine Pflegefamilie.“

„Ah“, machte Caspar. Er ging zu ihr, nahm ihre Hand und sagte: „Wenn du irgendwann Zeit hast, kannst du mir ja erklären, was von dem Geschriebenen wahr ist und was nicht.“

Maserati schüttelte den Kopf.

„Oder auch nicht“, sagte Caspar.

Sein Gesicht war ganz nah. Maserati streckte die Hand aus und strich sanft mit den Fingern über sein Kinn. Bislang hatte sie nur Georg geküsst. Aber jetzt erst ahnte sie, warum Menschen sich unbedingt küssen wollten.

Sie löste sich von Caspar. „Meine Oma ist verschwunden“, sagte sie. Caspars Blick wurde ernst.

„Wo könnte sie hin sein?“, fragte er.

„Ich weiß es nicht. Ich habe Angst“, sagte Maserati.

Sie standen gleichzeitig auf und griffen sich an den Händen, um sich gegenseitig zu stützen.

„Wo suchen wir zuerst?“, fragte Caspar.

Maserati rannte voran, hinunter zur Badestelle. Sie war noch nie in der Nacht hier gewesen.

Caspar eilte hinterher. Er hatte die Taschenlampe in seinem Handy angestellt und leuchtete zum Steg.

„Das Boot ist weg“, sagte Maserati. „Ihr habt doch auch ein Boot. Können wir das nehmen?“

„Natürlich“, sagte Caspar.

Er nahm ihre Hand und zog Maserati hinter sich her.

Kapitel 7

Der Steg, der zur Villa gehörte, war vom Mondlicht erhellt. Maserati sank auf die Knie, um das Boot loszubinden. Die Ruder lagen im Boot. Maserati stieg ein und hielt Caspar die Hand hin. Er stieg auch ein. Sie setzte sich in die Mitte und griff nach den Rudern. Caspar saß hinter ihr. Das Boot glitt am Ufer entlang.

„Da hinten ist etwas“, sagte Caspar auf einmal. Da war wirklich etwas. Mit einem Ruck wendete Maserati das Boot. Caspar schaltete wieder die Taschenlampe an. In der Mitte des Bootes, das sie nun sahen, saß eine zusammengesunkene Gestalt.

„Oma“, flüsterte Maserati. Ihre Oma schlief tief und fest. Die Boote lagen jetzt dicht nebeneinander. Maserati übergab Caspar die beiden Ruder. „Ich steige ins andere Boot und fahre vor. Okay?“

Caspar nickte.

Maserati stieg vorsichtig zu Oma ins Boot. Im Boot war Wasser auf dem Boden, sie mussten schnell ans Ufer. Sie hatten Glück. Auf dem Weg zurück zur Badestelle wachte Oma nicht auf. Maserati lenkte das Boot ans Ufer, sprang auf den Sand und zog das Boot aus dem Wasser. Jetzt öffnete Oma die Augen. „Lenchen?“, fragte sie.

„Ich bin’s, Oma“, sagte Maserati und half Caspar, sein Boot ebenfalls an Land zu ziehen. „Was machst du nur für Sachen, Oma? Komm, wir bringen dich zurück ins Bett.“

Fortsetzung folgt

1. **Maserati fährt am Abend zu Georg. Was passiert dann? Nummeriere die Sätze in der richtigen Reihenfolge.**

Angst in der Nacht

☐ Maserati findet in Omas Zimmer Seiten aus Zeitschriften.

☐ Dann suchen die beiden nach der Oma.

☐ Als Maserati nachts von Georg zurückkommt, ist die Oma nicht zu Hause.

☐ Zum Glück finden sie die Oma in einem Boot auf dem See und bringen sie an Land.

☐ Er erfährt, wer Maseratis Mutter ist und was passiert ist, als Maserati ein Kind war.

☐ Auf einmal ist Caspar da.

2. **Im Text kommen schwierige Wörter vor: das Archiv, die Albträume und der Absturz.**
   a) **Finde die Wörter im Text und markiere sie.**
   b) **Ergänze die Sätze.**

Hier werden wichtige Dinge aufbewahrt, zum Beispiel

Bilder und wichtige Papiere: ____________________

Das sind schlechte Träume: ____________________

Wenn eine Person die Kontrolle über sich verliert,

zum Beispiel durch Alkohol, nennt man das auch so:

____

3. Du kennst Maserati, die Oma und Magdalena. Wer ist wer? Schreibe es auf die Linien.

Maserati lebt bei ihr, sie ist die Mutter von Magdalena,

die von ihr „Lenchen“ genannt wird. ____________________

Ihre Mutter ist Magdalena. Sie lebt bei ihrer Oma,

die die Mutter von Magdalena ist. ____________________

Sie ist die Mutter von Maserati und die Tochter der Oma.

Sie lebt woanders. ____________________

4. In Klatsch-Zeitschriften bekommen Personen manchmal besondere Namen. Wie wird Magdalena genannt? Lies die Sätze und markiere die Namen.

Als junge Frau wird sie zuerst Party-Magdalena genannt. Nachdem sie nicht richtig auf ihre Kinder aufgepasst hat, wird sie als Horrormutter-Magdalena bezeichnet. In einem neuen Bericht steht der Name Party-Magda.

5. Erst ist Maserati bei Georg, dann hilft ihr Caspar. Sprecht darüber:

- Was empfindet Maserati vermutlich für Georg?
- Was empfindet Maserati vermutlich für Caspar?

Tipp: Lest noch einmal die Seiten 55, 56 und 58.

die Freundschaft – die Sympathie – das Interesse – das Verliebtsein – die Vertrautheit

Haltepunkt: gemeinsam arbeiten

1. **Maserati findet in Omas Zimmer Klatsch-Zeitschriften. Das sind Zeitschriften mit vielen Fotos, die über bekannte Personen berichten. Sprecht über diese Fragen:**
   - Was ist auf den Bildern zu sehen?
   - Welche Wirkung haben die Bilder?

schockieren – Gefühle berühren – Neugier wecken – ...

   - Was steht in den Zeitschriften? Nennt Beispiele.

sehr persönliche Dinge – Übertreibungen – Gerüchte – ...

2. **In einer Klatsch-Zeitschrift kann diese Überschrift stehen:**
   Horror-Mutter lässt Kinder verhungern.
   Schreibt sie sachlich und ohne Übertreibungen neu auf.

3. **Magdalena hat sich nicht gut um ihre Kinder gekümmert und das Leben von ihrem Baby Paris sogar in Gefahr gebracht. Sprecht über diese Fragen:**
   - Was genau hat Magdalena falsch gemacht?

Alkohol trinken – auf Partys gehen – allein lassen

   - Was fehlte Baby Paris bei seiner Mutter?

ernähren – pflegen – versorgen

4. Maserati blieb damals bei ihrer Oma.
Schreibt die Fragen auf ein Blatt und malt als Antwort jeweils ein passendes Emoji oder Bild dazu.

- Wie ist das Leben mit der Oma heute?
- Was denkt Maserati über die Schule?
- Was tut Maserati den ganzen Tag?
- Wie ist das Verhältnis zu ihrer Mutter?

5. Ihr habt einiges über die Personen im Buch erfahren.

a) Lest die Gedanken. Wer könnte was denken?
Ordnet jedem Gedanken einen Namen zu.
Tipp: Mancher Gedanke passt zu mehreren Namen.

Maserati – Magdalena – Oma – Caspar – Theo – Georg

Mein Leben ist ein totales Chaos. ______________________

Ich will gern mehr über Maserati wissen. ______________________

Manchmal weiß ich gar nicht, wo ich bin. ______________________

Ich habe viel falsch gemacht. ______________________

Maserati soll nicht nur arbeiten. ______________________

Ich mache mir Sorgen um Oma. ______________________

Ich brauche Zeit, um das alles zu begreifen. ______________________

Ich wünsche mir eine zweite Chance. ______________________

Ich möchte Maserati beschützen. ______________________

b) Sprecht über eure Ergebnisse. Nennt den Namen und den Gedanken und begründet eure Entscheidung.

Kapitel 8: Der glücklichste Tag

Audio

Oma ließ sich an die Hand nehmen und nach Hause bringen. Caspar rannte vor. Er stopfte alle Seiten aus den Zeitungen in die Kiste, in der Oma sie sammelte. Als Oma im Bett lag, ging Maserati hinunter in die Küche zu Caspar. „Danke“, sagte sie. „Ich hätte es ohne dich nicht geschafft. Man weiß nie, wie schlimm es werden kann. Oma darf sich nicht an meine Mutter erinnern. Wenn sie sich erinnert, macht sie dumme Sachen.“ Caspar sah betroffen zu Boden. „War sie mal beim Arzt?“ „Beim Arzt? Wenn ich volljährig bin, dann geh ich mit ihr zum Arzt. Dann kann ich über mich selbst entscheiden, und wenn es sein muss, auch über sie“, sagte Maserati.

Caspar machte einen Schritt auf Maserati zu und nahm sie in die Arme. „Das ist zu viel“, murmelte er.
Ich darf jetzt nicht so glücklich sein, dachte Maserati, fast wäre ein Unglück passiert. Oma hätte ins Wasser fallen und ertrinken können. Maserati sagte zu Caspar:
„Tut mir leid, wenn dir das alles zu viel ist.“
„Nicht mir“, erwiderte Caspar. „Für dich ist es zu viel.“
„Ich komme zurecht“, sagte Maserati.
„Ich weiß“, flüsterte Caspar.
Seine Lippen berührten ihre Haare.
Sie hielt die Luft an. Caspar löste sich von ihr und sagte leise: „Ich glaube, ich sollte lieber gehen.“
„Nein“, sagte Maserati. „Bleib.“

Maserati schlug die Augen auf, als jemand an die Tür klopfte. Die Sonne leuchtete grell durch das Fenster.
„Mädchen? Lebst du noch? Hast du verschlafen?“, rief Oma im Flur. „Warum schließt du ab?“
„Ich komme!“, rief Maserati.
„Mach auf!“, befahl Oma.
„Nein!“, rief Maserati.
„Warum nicht?“, fragte Oma laut.
„Mann, Oma, ich hab nichts an!“
Caspar wachte auf.
„Ja und? Das kenn ich doch alles schon!“, rief Oma.
„Jetzt lass mich doch!“, schrie Maserati.
Caspar lachte leise.
„Du bist doch nicht mehr normal!“, rief Oma.
Dann entfernten sich ihre Schritte.
„Ich fasse es nicht“, sagte Caspar. „Deine Oma klingt, als wäre nichts gewesen letzte Nacht.“

„Sie kann sich nicht erinnern“, sagte Maserati und wollte aufstehen, um sich T-Shirt und Hose anzuziehen. Doch Caspar zog sie zurück ins Bett.

„Der wievielte ist heute?“, fragte Caspar irgendwann.

„Der 12. August. Warum?“, fragte Maserati.

„Wenn ich alt bin und mich jemand irgendwann fragt, was der glücklichste Tag meines Lebens war, dann hab ich eine Antwort.“

„Wirst du diesen Tag immer feiern?“, fragte Maserati.

„Nein. Ich werde ihn mir nie verzeihen“, sagte Caspar.

Dieser Satz traf Maserati wie ein Schlag. Sie rutschte aus der Umarmung heraus und war kurze Zeit später komplett angezogen und kämmte sich schnell die Haare.

„Es wäre cool, wenn nicht alle mitbekommen, dass du hier warst“, sagte sie, ohne ihn anzusehen. „Erst geh ich und in zehn Minuten gehst du. Ich lenke Oma ab.“

Es hätte funktionieren können. Aber es kam anders. Oma, Annabell und Georg standen mitten im Flur, als Maserati die Treppe herunterkam.

„Sie hat verschlafen“, erklärte Oma.

„Maserati!“ Annabell umklammerte verzweifelt ihr Telefon. „Hast du was von Caspar gehört? Er hat nicht mal eine Nachricht geschickt ...“ Sie hörte nicht auf zu reden.

Caspar kam genau zum vereinbarten Zeitpunkt die Treppe herunter. Er war barfuß, hatte sein T-Shirt falsch herum an und trug die Schuhe in der Hand. Annabell war erleichtert und fiel ihm um den Hals. Dann zog sie ihn hinter sich her zur Haustür hinaus. Oma beschimpfte Maserati.

Das Schlimmste aber war, dass Georg sie nicht ansah. Er nickte nur Oma zum Abschied zu und ging auch.

„Was hast du getan?“, schrie Oma. „So einen wie Georg kriegst du nie wieder! Dieser blonde Junge hat in der Stadt sicher jede Menge Mädchen wie dich.“

Caspar tauchte am nächsten Morgen wieder auf. Er war klug genug, nicht in die Gaststätte zu kommen. Sie saßen nebeneinander auf dem Steg. Maserati wartete auf seine Worte. Aber Caspar schwieg. „Es tut dir leid“, sagte Maserati schließlich. „Sag es doch.“ Caspar schüttelte den Kopf. „Ganz bestimmt nicht.“ Ihre Hände lagen nebeneinander auf den Brettern. Caspars Hand rückte auf ihre zu und stoppte wieder. „Egal, was ich sage, es wird sich für dich falsch anhören“, sagte er. „Warum glaubst du das?“, fragte Maserati. Caspars Hand war plötzlich auf ihrer. „Es ist alles viel schwieriger, als du denkst!“, sagte er. „Am Anfang dachte ich, du bist Annabells Sohn. Ich kenne nicht mal deinen Nachnamen“, sagte Maserati. Sein Gesicht verzog sich. „Sei froh!“, sagte er. Plötzlich hielt sie es nicht mehr aus. Sie wollte nicht, dass Caspar aufstand, sie bedrückt ansah und davonging. Sie musste als Erste hier weg. Aber als sie loswollte, blieb ihr Kleid an einem Nagel hängen, der aus dem Steg hervorstand. Sie kniete sich hin und zog an dem Stoff. Jetzt hatte sie auch noch ein kaputtes Kleid. „Du bist so bescheuert und ich liebe dich“, sagte Caspar. Der Satz traf sie ins Herz. Mit weichen Knien sprang sie vom Steg auf die Wiese und rannte nach Hause.

Fortsetzung folgt

1. **Nach dem Vorfall mit der Oma reden Maserati und Caspar miteinander.**
   a) **Lies noch einmal die Seiten 64 und 65.**
   b) **Kreuze jeweils die richtige Antwort an.**

Was will Maserati Caspar klarmachen?

- ☐ Sie will mit der Oma nicht zu einem Arzt gehen, weil dann der Arzt entscheidet, was mit der Oma passiert. Dann müssten vielleicht beide in ein Heim.
- ☐ Die Oma braucht keinen Arzt, weil es ihr gut geht. Sie hat noch ein ziemlich gutes Gedächtnis.

Was will Caspar mit seinen Worten ausdrücken?

- ☐ Er bewundert Maserati, weil sie selbstständig lebt und alle Entscheidungen allein trifft.
- ☐ Er macht sich Sorgen, weil Maserati wegen der kranken Oma zu viel Verantwortung übernimmt.

2. **Caspar ist über Nacht bei Maserati geblieben. Am nächsten Morgen sagt er einen seltsamen Satz.**
   a) **Was sagt er? Markiere das richtige Ende.**

Caspar sagt, ...

dass er diesen Tag immer feiern wird.
dass er sich diesen Tag nie verzeihen wird.

   b) **Caspar erklärt nicht, was er damit meint. Warum hat er den Satz vielleicht gesagt? Kreuze an.**

- ☐ Caspar hat ein Geheimnis und traut sich nicht, mit Maserati darüber zu reden.
- ☐ Caspar will nichts mehr mit Maserati zu tun haben.

3. Wer bekommt mit, dass Caspar über Nacht bei Maserati war? Kreuze an.

☐ die Oma ☐ Annabell ☐ Theo ☐ Georg

4. Wie reagiert Georg, als er Maserati und Caspar sieht? Markiere den passenden Satz.

Er lächelt beide freundlich an, als ob nichts ist.
Er wird vor Eifersucht ganz rot und schreit herum.
Er sieht Maserati nicht mehr an und geht einfach.

5. Am Badesteg reden Maserati und Caspar noch einmal miteinander. Was sagt Caspar? Streiche die falsche Sprechblase durch.

Egal, was ich sage, es wird sich für dich falsch anhören.

Es ist alles viel schwieriger, als du denkst!

Du bist so bescheuert und ich liebe dich.

Ich traue mich nicht, dir die Wahrheit zu sagen.

6. Maserati sagt zu Caspar:
90 „Ich kenne nicht mal deinen Nachnamen."
Caspar antwortet, dass sie froh darüber sein soll. Was meint er vielleicht damit? Sprecht darüber.

Kapitel 9: Der Songtext

Audio

Maserati arbeitete noch mehr als sonst. Seit Tagen glänzte die Küche, die Vorräte waren aufgefüllt, sie konnte keine Sekunde still sitzen. Die Arbeit schützte sie auch vor Omas Vorwürfen. Immer wenn Oma etwas sagen wollte und sie bei der Arbeit sah, machte Oma den Mund wieder zu und ging hinaus.

Annabell kam nicht mehr vorbei. Caspar ließ sich auch nicht blicken. Was Georg machte, wusste Maserati nicht. Er würde aber keine Entschuldigung annehmen.

„Geh zu ihm“, brummte Oma manchmal.

Maserati zuckte dann nur mit den Schultern.

Sie hätte gern Theo nach seiner Einschätzung gefragt. Aber zur Villa wollte sie nicht und Theo kam nicht vorbei. Maserati wollte nicht an Caspar denken. Und sie wunderte sich, dass sie sich Georg gegenüber nicht schuldig fühlte. Jedenfalls nicht für das, was in der Nacht passiert war und alles zerstört hatte. Wenn sie einen Grund hatte, sich Vorwürfe zu machen, dann wegen der Zeit davor. Maserati hatte so oft an Georgs Tür geklopft. Sie schämte sich dafür, wie sie ihn ausgenutzt hatte – für ihr kaputtes Fahrrad, ihren Hunger spätabends und die Stunden im Internet an seinem Computer. Georg hatte das nicht verdient.

Maserati rutschte fast das Tablett aus der Hand, als Theo in die Gaststätte kam. „Alles okay?“, fragte sie.
„Warum fragst du das?“, wollte er wissen.
„Du kommst nicht gerade oft hierher. Ist dir langweilig?“
„Ja, seit Caspar so dringend wegmusste, gibt es niemanden, der mir täglich auf die Nerven geht.“
Maserati mochte Theo auf einmal nicht mehr und wusste selbst nicht, warum. Vielleicht, weil er nicht Caspar war.
„Hör auf, dich zu beklagen“, sagte sie zu ihm.
„Ja, das ist ekelhaft, oder?“, erwiderte Theo.
„Ich hasse dich“, sagte Maserati jetzt. „Ich wünschte, dass ihr nie hierhergezogen wäret. Hast du eine Ahnung, wie viel ihr kaputt gemacht habt? Wir wollten hier einfach nur in Ruhe leben.“
„Es tut mir leid“, sagte Theo. „Ich hatte keine Ahnung.“
„Natürlich nicht. Ging ja ausnahmsweise nicht um dich.“
„Verstehe“, sagte Theo und ging.

Maserati konnte aber nie lange wütend sein.
Sie suchte einen Tag aus, an dem Georg nicht im Garten der Villa arbeitete.
Annabell lag unter einem Sonnenschirm und schaute auf ihr Handy.
„Hallo“, sagte Maserati. „Kann ich zu Theo?“
„Natürlich“, flüsterte Annabell. „Was willst du von ihm?“
„Mich entschuldigen“, sagte Maserati.

Theo lag auf dem Bett und starrte zur Decke.
„Es tut mir leid. Ich war gemein“, sagte Maserati.
„Du redest wie Caspar“, erwiderte Theo.
Maserati kniete sich neben den Plattenspieler auf den Boden. Sie zeigte auf die Schallplatte.
„Legst du immer nur diese eine Platte auf?“, fragte sie.
„Bitte denke nicht, dass das irgendetwas mit dir zu tun hat“, sagte Theo.
„Ich hab das nie gedacht“, sagte Maserati.
Sie öffnete den Deckel des Plattenspielers und fand den richtigen Schalter. Sie hatte noch nie eine Nadel auf eine Schallplatte gesenkt.
„Mach ruhig lauter“, sagte Theo.
Sie setzte sich auf den Boden und hörte zu.
Theo setzte sich neben sie und schaute sie an, als ob er ihre Gedanken lesen wollte.
Die Musik löste in Maserati gar nichts aus. Am Anfang musste sie sich sogar zwingen, zuzuhören.
Theo holte einen Ordner und schlug ihn auf.
Darin war alles über die Band, was er gefunden hatte: Fotos, Zeitungsberichte und die Songtexte.
„Warum sammelst du das?“, fragte Maserati.

„Kennst du das nicht, wenn du etwas hörst oder liest, was dir genau dein Leben erzählt?“, fragte Theo.

Maserati schüttelte den Kopf. „Die Platte erzählt dein Leben? Du bist verrückt.“

„Ich weiß. Aber die Band hat vorausgesehen, dass mein Freund aus dem Fenster stürzen wird. In einer Liedzeile heißt es auf Englisch: *Du wirst durch das Fenster verschwinden und niemals zurückkommen*.“

„Das ist Zufall“, sagte Maserati.

„Es ist die Platte des Jahrhunderts. Und ich will wissen, was passiert ist. Eine Band wie diese löst sich nicht einfach spurlos auf. Siehst du dieses Foto? Sie haben Konzerte gegeben. Aber man findet nirgendwo im Internet, was die Musiker heute machen oder wo sie leben.“

„Vielleicht haben sie etwas zu verheimlichen“, sagte Maserati.

„Oder sie sind im Streit auseinandergegangen“, meinte Theo.

„Dann würde man nicht alle Spuren von sich löschen. Das macht man nur, um etwas wirklich Schreckliches zu verbergen“, sagte Maserati.

„Eben“, sagte Theo. „Aber was?“

Fortsetzung folgt

1. Caspar ist weg und Maserati geht es nicht gut. Was tut sie? Kreuze an.

- ☐ Sie liegt den ganzen Tag im Bett.
- ☐ Sie fährt wieder zu Georg.
- ☐ Sie lenkt sich mit viel Arbeit ab.

2. Maserati lässt ihre Unzufriedenheit an Theo aus.

a) Was sagt sie zu ihm? Ergänze die Sprechblase. Tipp: Lies noch einmal Seite 71.

Ich ______________ dich.

Ich wünschte, dass ihr ________________

hierhergezogen wäret.

Hast du eine Ahnung, wie viel ihr

______________________________ habt?

b) Warum ist Maserati so unglücklich? Kannst du die Antwort lesen? Schreibe sie in dein Heft. Schreibe zuerst die Überschrift Maseratis Situation.

Seit die neuen Nachbarn da sind, kann Maserati

ihre Familiengeschichte nicht mehr verheimlichen und

muss sich damit auseinandersetzen. Das fällt ihr schwer.

Außerdem ist sie unglücklich in Caspar verliebt und

hat wahrscheinlich ihren guten Freund Georg verloren.

3. Maserati bittet Theo um Entschuldigung. Dann hören sie gemeinsam die Schallplatte. Was könnte Theo über die Musik der Berliner Band denken? Trage die Wörter aus dem Kasten richtig ein.

Freund – Trost – Gefühle – ~~Musik~~ – Leben

Wenn ich die Musik höre, dann fühle ich mich total verstanden. Die Musiker treffen genau meine ________ . Es ist, als ob sie mein ________ kennen. Als ob sie damals schon wussten, was meinem ________ passieren wird. Die Musik der Band ist für mich ein großer ________ .

4. Maserati und Theo überlegen, warum man über die Band nichts herausfinden kann. Markiere jeweils das richtige Ende. **Tipp: Lies noch einmal Seite 73.**

Maserati glaubt, dass ...
- die Musiker alle schon lange tot sind.
- die Musiker etwas Schlimmes geheim halten wollen.

Theo vermutet, dass ...
- die Musiker sich nach einem Streit getrennt haben.
- die Musiker in ein anderes Land gezogen sind.

Kapitel 10: Der 17. Geburtstag

Audio

Am nächsten Morgen verschlief Maserati. Sie schlug die Augen auf und kniff sie sofort wieder zu. Das Sonnenlicht erhellte das ganze Zimmer. Maserati sprang aus dem Bett und zog die abgeschnittene Jeans an. Das lange Schlaf-Shirt ließ sie an. Sie band es unten am Rand zusammen. Dann lief sie barfuß die Treppe hinunter. Oma brachte einem Mann in Handwerker-Kleidung gerade Spiegeleier in einer Pfanne. „Du bist faul“, sagte sie im Vorbeigehen zu Maserati. „Du schläfst bis Mittag.“ Maserati lächelte. Es war noch nicht mal zehn Uhr.

Sie schaute auf den Kalender an der Wand und musste wieder lächeln. Letztes Jahr hatte es sie enttäuscht, dass Oma ihren Geburtstag vergessen hatte.

Da war es noch neu gewesen.

Heute war sie vorbereitet.

Sie nahm einen Lappen und begann, fröhlich die Tische abzuwischen. Oma ging zurück in die Küche.

Die Tür quietschte und Herr Reinhardt kam mit einem Blumenstrauß in den Gastraum.

„Alles Gute“, sagte er. Als Maserati ihm nicht entgegenkam, legte er den Strauß auf einem Tisch ab.

Die Ferienkleidung von Herrn Reinhardt unterschied sich deutlich von seiner Schulkleidung. In der Schule hatte er immer hellbraune oder dunkelbraune Anzüge an.

Heute trug er eine helle Stoffhose und ein T-Shirt.

Über seiner Brille war noch eine große Sonnenbrille, die er gerade abnahm.

„Woher wissen Sie, dass ich Geburtstag habe?“, fragte Maserati.

„Du wirst es nicht glauben, ich hatte vor ein paar Tagen dein letztes Zeugnis in der Hand. Da fehlte noch die Unterschrift deiner Oma“, sagte Herr Reinhardt.

„Ich mache Ihnen einen Kaffee“, sagte Maserati.

„Nur, wenn es geht“, sagte Herr Reinhardt.

„Das ist mein Job“, erwiderte Maserati.

Maserati führte Herrn Reinhardt hinaus zu einem Gartentisch.

„Wir haben heute leider keinen Kuchen“, sagte sie.

„Ausgerechnet heute nicht?“, fragte Herr Reinhardt.

Maserati hasste das Mitleid in seiner Stimme.

„Warum sind Sie nicht im Urlaub?“, fragte sie.

„Ich bin gern im Sommer hier. Ich verreise lieber im Herbst. Wie geht's deiner Oma?", fragte er.

„Gut", sagte sie. „Ich bin heute 17 geworden."

Er lächelte. „Ich weiß."

„Das heißt, nur noch ein Jahr", sagte Maserati.

„Bis du volljährig bist?", fragte er. „Und was dann?"

Maserati zuckte mit den Schultern. „Dann bin ich in Sicherheit", sagte sie. „Und Oma auch."

Herr Reinhardt sagte: „Ich denke, du bist jetzt schon alt genug. Niemand kann dich zwingen, in einem Heim oder in einer Pflegefamilie zu leben. Ich denke, dass du dich vor den falschen Dingen fürchtest."

„Sie wissen gar nichts über mich", sagte Maserati.

Es war wie in der Schule. Zu Beginn eines Gesprächs fand sie ihn noch okay, am Ende hasste sie ihn.

„Ärgere dich nicht." Herr Reinhardt stellte die Tasse ab und stand auf. „Ich wollte nur dazu beitragen, dass es ein schöner Tag für dich wird."

„Danke für die Blumen. Ich glaube, mir hat noch nie jemand Blumen geschenkt."

Maserati hatte die Blumen von Herrn Reinhardt gerade in Wasser gestellt, als das alte Telefon im Flur klingelte. Es war ein Plastikding mit Wählscheibe. Maserati nahm den Hörer ab. Sie hörte zuerst Gelächter, dann Husten. Sie hielt den Hörer etwas weiter weg vom Ohr. Auf einem Klavier wurde die vertraute Geburtstagsmelodie angestimmt, und eine heisere weibliche Stimme begann, Happy Birthday [Häppi Böaßdey] zu singen. Maserati schwieg, um sich nicht anmerken zu lassen, wie gerührt sie war. Dann verstummte das Klavier.

„Alles, alles Gute“, sagte ihre Mutter. „Meine Schönste, Beste. Du sollst immer gesund bleiben, glücklich sein, ganz viel Geld haben, immer Freunde um dich haben, eine riesige Familie ...“

„Danke“, flüsterte Maserati, den Hörer wieder nah am Ohr.

„Ich wollte kommen, aber du willst ja nicht“, sagte ihre Mutter. „Hat Oma ihre berühmte Torte gebacken?“

„Ja. Ich muss jetzt hier weitermachen“, sagte Maserati.

„Du rufst mich an, wenn du was brauchst, ja? Notiere dir mal meine neue Nummer“, sagte ihre Mutter und diktierte die Nummer. „Ist Oma auch fit?“, fragte sie.

„Superfit“, sagte Maserati und schluckte.

Nach dem Gespräch sank Maserati auf einen Stuhl.

„Wer war das?“, fragte Oma.

„Falsche Nummer“, sagte Maserati.

Am späten Nachmittag klingelte das Telefon erneut.

Maserati räusperte sich, bevor sie „Hallo“ in den Hörer sagte. Sie wusste, wer anrief.

Am anderen Ende waren schnelle Atemzüge zu hören.

„Hallo“, sagte Maserati so freundlich, wie sie nur konnte.

„Hallihallo, wer spricht denn da?“

„Du kannst es jetzt sagen“, hörte sie eine Frau flüstern.

„HerzlichenGlückwunschzumGeburtstag“, sagte eine Jungenstimme schnell. „Kann ich jetzt auflegen?“

„Warte!“, riefen Maserati und die Frauenstimme gleichzeitig. Der Junge atmete in den Hörer.

„Danke“, sagte Maserati schnell. „Das ist lieb von dir. Wie geht’s dir, Paris? Spielst du immer noch Fußball?“

„Ja“, sagte der Junge.

„Und sammelst du noch diese komischen Dinger?

Wie heißen sie noch?“, fragte Maserati.

„Schon ewig nicht mehr“, sagte der Junge.

Maserati stellte sich sein rundes Gesicht vor, die braunen Augen und die dunklen Locken. Sie und er sahen völlig unterschiedlich aus.

„Erzähl ihr von dem Hund!“, flüsterte die Frauenstimme.

„Nee“, sagte er und murmelte dann: „Tschüs.“

„Auch von mir alles Gute“, sagte die Frau jetzt. „Er ist gerade sehr trotzig. Bitte nimm es nicht persönlich.“

„Vor einem Jahr war er zuerst schüchtern. Aber dann hat er doch viel erzählt“, sagte Maserati.

„Ja, vor einem Jahr ... Er ist richtig gewachsen“, sagte die Frau.

„Danke, dass Sie ihn immer an meinen Geburtstag erinnern, Frau Pfeiffer. Aber er muss mich nicht anrufen, wenn er nicht will“, sagte Maserati.

„Ich finde es wichtig“, sagte Frau Pfeiffer. „Du weißt, du kannst uns jederzeit besuchen.“

„Mach ich, danke“, sagte Maserati.

Maserati hatte Paris und seine Pflegefamilie zweimal besucht. Beim ersten Mal war er noch sehr klein gewesen und wollte sie dann gar nicht mehr gehen lassen. Die nächste Einladung hatte Maserati drei Jahre später bekommen. Da hatte er Maserati die ganze Zeit nicht angesehen.

Am Ende war Maserati froh, dass sie an ihrem Geburtstag nur zwei Anrufe bekam. Sie wollte eigentlich früh ins Bett gehen, aber dann kam Theo in die Gaststätte.

Fortsetzung folgt

1. Maserati wird 17 Jahre alt. Was passiert? Verbinde.

Ihre Oma	gratuliert ihr mit einem Blumenstrauß.
Ihr Lehrer Herr Reinhardt	ruft zusammen mit seiner Pflegemutter an.
Ihre Mutter Magdalena	hat den Geburtstag vergessen.
Ihr Bruder Paris	ruft an und singt ein Geburtstagslied.

2. Der Lehrer besucht Maserati.
Welche Kleidung trägt er?
Kreuze an.
Tipp: Lies noch einmal
Seite 77.

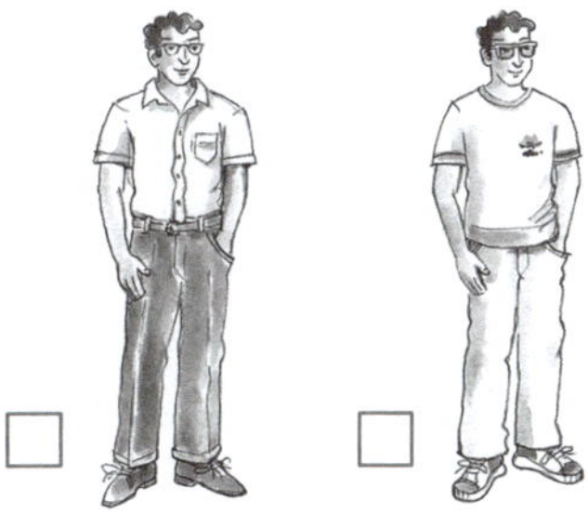

3. Maserati sagt, dass sie in einem Jahr volljährig wird und sie und ihre Oma dann in Sicherheit sind.

a) Was meint sie damit? Ergänze passende Verben.

Maserati kann mit 18 Jahren selbst ____________________ ,

wo sie und ihre Oma leben. Kein anderer Mensch hat

dann das Recht, über sie zu ____________________ .

b) Was sagt ihr Lehrer dazu? Markiere es auf Seite 78.

4. In der Gaststätte steht ein altes Telefon im Flur.

a) Lies den Sachtext oder höre ihn dir an. Audio

b) Markiere wichtige Informationen.

Telefon mit Wählscheibe

Bei einem Telefon mit Wählscheibe gibt man die Telefonnummer so ein: Man steckt den Finger in die Wählscheibe und dreht sie. Das Telefon hat ein Kabel, sodass man nicht weit damit gehen kann. Der Hörer ist mit einer Schnur am Telefon befestigt. Mit diesem Telefon kann man nur telefonieren.

c) Was ist bei diesem Telefon anders als bei einem Handy? Schreibe vollständige Sätze auf.

keine Tastatur, sondern eine ... – nicht mitnehmen – kein Display – keine Fotokamera – kein Internet ...

Das Telefon mit Wählscheibe

Dieses Telefon hat keine

5. **Maseratis Mutter Magdalena ruft an.**
   a) **Sie singt für Maserati. Wie geht es Maserati dabei? Ergänze den Satz.**
   Tipp: Lies noch einmal Seite 78 ab Zeile 63.

Maserati ist ______________________________ .
enttäuscht / berührt / gelangweilt

   b) **Maserati und ihre Mutter reden miteinander. Markiere im Text auf Seite 79, was die beiden sagen. Nimm dafür unterschiedliche Farben.**
   c) **Das Telefonat ist anstrengend für Maserati. Warum? Lies den Satz am Faden und zeichne ihn nach.**

Maserati ist

in Sorge,

die ganze Zeit

dass die Oma merkt,

wer angerufen hat,

wieder schlecht.

denn dann

geht es

der Oma

6. **Paris, Maseratis Bruder, redet am Telefon nur wenig und will Maserati nichts erzählen. Warum fällt es Paris schwer, mit Maserati zu telefonieren? Sprecht über eure Vermutungen.**

Kapitel 11: Noch ein Geheimnis

Audio

Theo setzte sich an einen Ecktisch in der Gaststätte. Maserati überlegte, ob sie wirklich den ganzen Abend in der Gaststätte verbringen wollte. Als die letzten Gäste gezahlt hatten, schrieb sie „geschlossen“ auf die Tafel neben der Tür. Sie wollte mit Theo einen Ausflug machen. Maserati packte eine Flasche Wasser und etwas zu essen in ihren Fahrradkorb. Sie fragte Theo: „Hast du deinen Fotoapparat dabei?“
Theo holte ihn noch schnell aus der Villa.

Die Fahrt dauerte eine Weile. Die Luft war sehr warm. Sie mussten immer wieder eine Pause machen. Vor dem alten Krankenhaus versteckten sie die Räder im Gebüsch. Dann liefen sie wieder am Zaun entlang. Das hohe Gras kitzelte an den Beinen. Maserati fand das Loch im Zaun und kletterte zuerst hindurch.

„Autsch“, sagte Theo.

„Hast du dich verletzt?“, fragte Maserati.

„Nein, aber du. Du blutest am Bein“, sagte Theo.

„Pass lieber auf dich auf“, sagte Maserati.

„Das tu ich die ganze Zeit schon“, erwiderte Theo.

„Vielleicht solltest du das deiner Familie sagen“, murmelte Maserati leise, aber er hatte es gehört.

„Vielleicht sollte ich einfach für ein Jahr weggehen, so wie es Caspar gemacht hat“, sagte Theo.

Maserati hatte sich vorgenommen, Caspar nicht zu erwähnen. Aber sie konnte Theo nicht verbieten, über Caspar zu reden. Dabei tat es ihr schon weh, wenn sie nur seinen Namen hörte.

Theo holte den Fotoapparat aus der Tasche.

„Das sieht ziemlich teuer aus“, sagte Maserati.

„Ein Geburtstagsgeschenk“, sagte Theo. „Ich denke manchmal, es wäre einfacher für alle, wenn Caspar an meiner Stelle wäre.“

„Das klingt, als hätte er keine eigene Familie“, sagte Maserati.

Theo grinste traurig. „Caspar will nicht, dass man über seine Familie spricht.“

„Dann sprich nicht darüber“, sagte Maserati.

„Aber es ist auch meine Familie. Caspars Vater ist Annabells Bruder“, sagte Theo.

Maserati wollte sich am liebsten die Ohren zuhalten. Aber es war zu spät. Theo hatte Caspars Nachnamen schon ausgesprochen. Er nahm ihr die Luft zum Atmen. Sie kannte den Namen von den vielen Titelseiten der Zeitschriften, die Oma heimlich gesammelt hatte.

„Der Name steht doch auf den Klatsch-Zeitschriften“, sagte Maserati.

„Ja. Die Zeitschriften sind aus unserem Verlag. Caspar wollte nicht, dass du es weißt. Seit er deine Geschichte kennt, schämt er sich total.“

Maserati hätte Theo am liebsten geschlagen. Aber sie tat es nicht. Er konnte ja nichts dafür. Sie fand eine saubere Ecke in dem alten Haus und packte das Essen und die Getränke aus, während Theo mit seinem Fotoapparat über Glasscherben lief.

„Wie lange weiß Caspar schon, wer ich bin?“, fragte sie.

„Noch nicht so lange“, sagte Theo. „Kurz bevor er wieder zurück in die Stadt ist. Mir war es schon lange klar. Aber deine Mutter sieht jetzt halt anders aus.“

„Ach was“, sagte Maserati. Sie hatte das Gefühl, zu ersticken. Sie ließ Theo allein, ging vorsichtig um die Glasscherben herum nach draußen, lehnte sich an die Hauswand und schloss die Augen.

Sie vergaß völlig die Zeit. Auf einmal war es schon fast dunkel geworden. Von Theo hatte sie nichts gehört. Sie lief zurück in das Haus. „THEO!“, rief sie laut. Dann hörte sie ein Schluchzen. Sie lief zu ihm.

„Ich bin hier ausgerutscht, mitten auf den Scherben. Ich glaube, ich habe viel Blut verloren“, sagte Theo.

Maserati sah sich die Wunden genauer an. „Es sieht schlimmer aus, als es ist“, sagte sie.

Sie hielt ihm die Hand hin und zog ihn hoch. Er wankte. „Jetzt mach hier nicht auf schwer verletzt!“, sagte sie und ging vor ihm her nach draußen. Als sie wieder bei den Fahrrädern waren, klingelte Theos Handy. Er zog es aus der Tasche und sagte: „Wir hatten die ganze Zeit keinen Empfang.“ Dann holte er tief Luft und rief seine Mutter an. Annabell weinte laut. Maserati nahm Theo das Handy aus der zitternden Hand. Sie beschrieb Annabell, wo sie gerade waren. Danach setzten sie sich ins Gras und warteten. Theo legte seinen Kopf auf ihre Schulter. „Ich möchte dir etwas vorschlagen“, sagte Maserati. „Ich helfe dir, die Band zu finden. Und du versuchst, wieder ein ganz normales Leben zu führen. Okay?“ Ein Auto näherte sich. Maserati erkannte den Wagen von Georg. Annabell sprang aus dem Auto. Sie rannte an Maserati vorbei und umklammerte Theo. Jetzt stieg auch Theos Vater aus. Er und Annabell brachten Theo zusammen zum Auto. Georg legte Theos Tasche in den Kofferraum. Erst dann drehte er sich zu Maserati um und sah sie fragend an. Maserati schüttelte den Kopf: Nein, sie wollte auf keinen Fall mitfahren! Als sie endlich zu Hause ankam, war sie erleichtert. Die Gaststätte war aufgeräumt und Oma in ihrem Zimmer.

Am nächsten Morgen wachte Maserati früh auf. Sie lief in die Gaststätte hinunter und riss alle Fenster auf. Sie öffnete auch die Tür und trat fast auf Caspar. Er saß auf der Stufe gegen den Türrahmen gelehnt. „Hi“, sagte er verschlafen.

„Seit wann bist du wieder da?“, fragte Maserati.

„Annabell hat mich gestern Abend angerufen. Ich bin sofort hierher gerast. Ich habe jetzt ein Auto. Deine Oma gießt übrigens gerade die Tomaten im Gewächshaus.“

„Rück mal ein Stück“, sagte Maserati.

Caspar machte Platz und sie setzte sich neben ihn.

Es war eng, ihre Schultern berührten sich.

Maserati streckte ihre Beine aus. Caspar versuchte vorsichtig, das trockene Blut von ihrem Bein zu kratzen.

Sie seufzte und steckte ihre Nase in sein duftendes Haar.

„Wie geht’s Theo?“, fragte Maserati.

„Er hat ein buntes Kinderpflaster bekommen“, sagte er.

„Du machst Witze“, sagte Maserati.

„Stimmt. Kein Pflaster. Die Wunden wurden gesäubert“, sagte Caspar.

„Sonst nichts?“, fragte Maserati.

„Keine Ahnung, sein Vater ist der Arzt. Nicht ich.“

„Das wusste ich nicht“, sagte Maserati.

„Ich wünschte, mein Vater wäre auch Arzt“, sagte Caspar.

„Dann würdest du mich jetzt nicht hassen.“

„Ich hatte gestern Geburtstag“, sagte Maserati.

„Herzlichen Glückwunsch nachträglich“, sagte Caspar.

„Ich habe nicht mal Blumen dabei. Was wünschst du dir?“

„Ruhe“, sagte Maserati. „Und Glück.“

„Ich meine, was wünschst du dir von mir?“, fragte Caspar.

„Wenn irgendwann wieder ein Montag ist, fährst du dann mit mir und Theo in die Stadt?“, fragte Maserati.

Fortsetzung folgt

1. **Maserati und Theo machen einen Ausflug.**
   Sind die Sätze richtig oder falsch? Kreuze an.

	richtig	falsch
Maserati und Theo fahren zum See.	☐	☐
Sie fahren zum alten Krankenhaus.	☐	☐
Sie sprechen nicht über Caspar.	☐	☐
Theo nennt Caspars Nachnamen.	☐	☐
Maserati kennt den Nachnamen.	☐	☐
Caspar holt Theo ab.	☐	☐
Theo verletzt sich an Scherben.	☐	☐
Georg fährt das Auto, in dem die Eltern von Theo sitzen.	☐	☐

2. **Wie fühlt sich Theo in seiner Familie? Kreuze an.**
   Tipp: Lies noch einmal Seite 85.

☐ Er fühlt sich gut in seiner Familie. Er denkt, dass seine Eltern ihn so lieben, wie er ist.

☐ Er fühlt sich in seiner Familie falsch. Er denkt, dass er nicht so ist, wie seine Eltern es möchten.

3. **Was schlägt Maserati Theo vor? Schreibe es auf.**
   Tipp: Lies noch einmal Seite 87.

„Ich ____

____

____."

4. Den Eltern von Caspar gehört der Verlag, der die Klatsch-Zeitschriften herstellt.

a) Lies den Sachtext oder höre ihn dir an. Audio

b) Markiere wichtige Wörter.

Was ist ein Verlag?

Bücher, Zeitschriften und Zeitungen werden meist in einem Verlag hergestellt. Der Verlag verkauft diese Waren an Buchhandlungen, Supermärkte, Kioske und andere Läden. Dort können dann die Kundinnen und Kunden die Waren kaufen.

5. Theo sagt, dass Caspar sich schämt. Warum schämt er sich? Ergänze passend.

sehr sachlich – ohne Rücksicht

Caspar schämt sich, weil die Klatsch-Zeitschriften,

die aus dem Verlag seiner Eltern kommen,

immer wieder ______________________

über Maseratis Mutter und ihre Kinder berichtet haben.

6. Am nächsten Morgen kommt Caspar zur Gaststätte.

a) Lest noch einmal das Gespräch auf Seite 88.

b) Sprecht über diese Fragen:

- Warum wünscht sich Caspar, dass sein Vater auch Arzt wäre wie der Vater von Theo?
- Was wünscht sich Maserati von Caspar?
- Warum wünscht sie sich das wohl?

Kapitel 12: Ein möglicher Vater

Audio

Maserati saß im Cabrio neben Caspar. Theo saß hinten. Sie fuhren über die kurvige Landstraße und dann auf die Autobahn. Theo pfiff ein Lied.
„Woher hast du dieses Cabrio?“, fragte Maserati Caspar.
Caspar biss sich auf die Unterlippe.
„Das ist ein Geburtstagsgeschenk seiner Eltern“, sagte Theo. „Er hatte zwei Tage vor dir Geburtstag.“
„Oh“, sagte Maserati. „Herzlichen Glückwunsch, ich habe leider nichts für dich.“
„Oh doch“, sagte Caspar und blickte kurz in ihre Richtung.
Maserati spürte, wie ihre Wangen rot wurden.

Sie fuhren an einem Straßenschild vorbei.

„Achtung, Achtung, wir kommen jetzt in die Stadt. Maserati, du musst jetzt tapfer sein“, sagte Theo.

„Ich bin hier geboren!“, rief Maserati.

„Na und? Man gewöhnt sich die Stadt schnell ab. Ich lebe gerade mal zwei Monate auf dem Land und bin jetzt schon komplett überfordert. Der Lärm. Das Chaos. Die vielen Menschen“, sagte Theo.

In der Nähe der gesuchten Adresse parkte Caspar und sah Maserati erwartungsvoll an.

„Was?“, fragte sie ihn.

„Hast du gesehen, wie klein die Parklücke war?“, erklärte Caspar seinen Blick.

„Ach so. Ja, kleiner als das Auto“, sagte Maserati.

Caspar lächelte und nahm ihre Hand.

Heimlich blickte Maserati zu Theo. Der sagte genervt: „Keine Sorge, ich sterbe schon nicht vor Eifersucht.“

Sie saßen noch eine Weile im Auto.

„Ich kann nicht“, sagte Theo auf einmal.

„Warum nicht?“, fragte Caspar. „Du hast es dir so gewünscht, diesen Mann zu treffen“, sagte er. „Maserati hat Himmel und Hölle in Bewegung gesetzt …“

„Jetzt übertreib mal nicht“, sagte sie leise. „Ich hab nur meine Mutter angerufen und ihr zum ersten Mal seit hundert Jahren eine direkte Frage gestellt.“

„Es tut mir leid“, sagte Theo. „Ich kann einfach nicht.“

„Du musst nicht“, sagte Maserati.

„Natürlich muss er!“ Caspar schlug auf das Lenkrad. „Er muss den Typen treffen, über diese traurige Musik reden und ihm diese ganzen Fragen stellen, die ihn beschäftigen, verdammt noch mal!“

„Man muss nicht alles klären“, sagte Maserati.

„Manches muss man einfach so lassen, wie es ist. Ungeklärt und mit Lücken. Was ist das für eine nervige Angewohnheit, alle Geheimnisse aufdecken zu müssen?“, fragte sie.

„*Meine* nervige Angewohnheit ist es sicher nicht!“, kam sofort von Caspar zurück.

„Streitet nicht meinetwegen“, bat Theo jetzt. „Ich bin halt ein Feigling. Vielleicht hat der Typ hässliche Füße und ich kann dann meine Lieblingsmusik nicht mehr hören.“

„Und dafür sind wir den ganzen Weg gefahren?“, fragte Caspar und schnaufte vor Wut.

„Maserati kann doch klingeln“, sagte Theo.

„Ich? Ich wollte eigentlich im Auto warten“, sagte sie.

Theo lächelte. „Dann bin ich nicht der einzige Feigling.“

Am Ende ging Caspar. Er kam aber noch mal zurück und holte die Schallplatte. Dann klingelte er und verschwand im Haus. Nach ein paar Minuten stiegen auch Maserati und Theo aus und blickten an dem Haus hoch.

Der Mann, der ihnen die Tür öffnete, sah älter aus, als Maserati erwartet hatte. Er hatte erste graue Haare und müde Augen hinter einer schmalen Brille.

Als er Maserati und Theo sah, erstarrte er kurz.

„Da sind ja noch zwei!“, rief er dann.

„Oh ja, Verzeihung, das sind die beiden anderen Mitglieder unseres Fanclubs [Fänklups]“, sagte Caspar.

Plötzlich saßen sie in einer Küche voller alter Bücher.

Der Mann sah Maserati immer wieder an.

Am liebsten hätte sie sich hinter Caspar versteckt.

„Es ist so lange her, Leute“, sagte der Mann.

„Ich war bloß der Schlagzeuger. Die Lieder hat Michael geschrieben“, erklärte er.

„Michael Storm?“, fragte Theo. „Wir konnten leider nicht herausfinden, woran er gestorben ist.“

„Er war krank, ist 16 Jahre her“, sagte der Mann.

„Und seitdem sind Sie als Band …“, krächzte Theo.

„… nie wieder aufgetreten, genau. Um ehrlich zu sein: Wir hatten auch vorher schon Streit“, sagte der Mann.

„Warum haben Sie sich gestritten?“, fragte Theo.

„Das Übliche.“ Der Mann sah nicht mehr zu Maserati hin und sagte: „Es ging um ein Mädchen.“

Maserati war dankbar, dass Theo nicht weiterfragte.

„Wir haben damals viel Mist gebaut. Ich bin froh, dass man uns nicht im Internet finden kann. Ich möchte nicht wissen, was meine Schüler heute dazu sagen würden.“

„Lasst uns gehen“, sagte Maserati leise.

Als sie schon fast draußen waren, rief Maserati: „Ich hab was vergessen.“ Sie lief allein zurück und klingelte.

„Ich wusste es“, sagte der Mann, als er die Tür öffnete.

„Sie können sich doch bestimmt erinnern“, sagte Maserati. „Es ist doch gar nicht so lange her, gerade mal mein Leben lang. Aber keine Angst, ich komme nicht wieder. Sie dürfen wieder vergessen, dass Sie mal etwas mit einer Frau zu tun hatten, die ihre Kinder fast verhungern ließ.“ Dann rief Maserati: „Tschüs!“

„Warte! Warum fragst du mich nicht?“, rief der Mann.

„Was soll ich Sie fragen? Ob Sie mein Vater sind oder ein anderer aus Ihrer Band?“, fragte Maserati. „Das wissen Sie doch offensichtlich selbst nicht.“

Fortsetzung folgt

1. Maserati, Caspar und Theo fahren mit einem Cabrio in die Stadt. Was ist ein Cabrio? Sieh dir noch einmal das Bild auf Seite 46 an. Ergänze dann den Satz.

Ein Cabrio ist ein Auto, bei dem man ______________ zurückklappen kann.

2. Im Text kommen diese Redewendungen vor: **Himmel und Hölle in Bewegung setzen** und **Mist bauen**. Was bedeuten sie? Verbinde richtig.

Himmel und Hölle in Bewegung setzen	einen Fehler machen
Mist bauen	alles tun, um etwas zu erreichen

3. Was machen Maserati, Caspar und Theo in der Stadt? Ergänze die Sätze.

Caspar – die Schallplatte – ihrer Mutter – Fragen

Maserati und die Jungen besuchen in der Stadt einen Mann. Er war ein Mitglied der Band, von der ______________ ist, die Theo immer hört.

Die Adresse hat Maserati von ______________.

Zuerst geht ______________ allein in das Haus.

Die anderen kommen nach. Sie stellen dem Mann ______________ zu damals.

4. In diesem Kapitel hast du einiges erfahren. Anderes kannst du nur vermuten.

a) Finde die folgenden Informationen auf Seite 94. Ergänze dann hier die Zeilenangaben.

Der Mann war früher Schlagzeuger der Band. Zeile ______

Ein Musiker ist schon länger tot. Zeilen ______ – ______

Damals gab es zwischen den Musikern Streit um ein Mädchen. Zeilen ______ – ______

b) Welche Vermutungen kannst du jetzt haben? Ergänze die Sätze.

eine Tochter – Magdalena, Maseratis Mutter – der Vater

Einer der Musiker ist vielleicht ______________________ von Maserati. Das Mädchen, um das sich die Musiker gestritten haben, war vielleicht ______________________ ______________________________________.

Der Vater von Maserati hat sich anscheinend nie darum gekümmert, dass er ______________________ hat.

5. Maserati will nicht herausfinden, ob der Musiker ihr Vater ist.

a) Lest auf Seite 93 in den Zeilen 43 bis 47 noch einmal, was Maserati über Geheimnisse gesagt hat.

b) Was denkt ihr über Maseratis Einstellung? Tauscht eure Meinungen aus.

Kapitel 13: Das Ende der Sommerferien

Audio

Spät am Abend stand Caspar am Gartentor.

Maserati machte einen Schritt auf den Zaun zu und war überrascht, wie fest ihre Stimme klang. „Du willst nicht reinkommen, oder?“ Er schüttelte den Kopf.

„Dann war es das wohl“, sagte sie und drehte sich um.

„Warte!“, rief er. „Bitte verzeih mir. Uns. Irgendwann.“

„Glaubst du wirklich, dass ich dir die Schuld für etwas gebe, was ein anderer aus deiner Familie getan hat? Und zwar nur, weil ihr verwandt seid? Was denkst du von mir?“, sagte Maserati.

Caspar sah sie nur stumm an.

Wieder musste Maserati etwas sagen, damit sie nicht die ganze Nacht hier standen. „Das Leben geht weiter. Du musst sowieso nächsten Montag in die Schule.“

„Ja“, sagte Caspar heiser. „Ich bin schließlich kein freier Mensch wie du.“

Maserati konnte fast darüber lächeln, dass er ausgerechnet *sie* als frei bezeichnete.

„Wenn du willst, schmeiße ich alles hin, ziehe hierher und helfe dir in der Küche“, sagte er dann.

Maserati erkannte fast den alten Caspar wieder.

„Das war ein guter Witz zum Abschluss“, sagte sie. Sie hob anerkennend den Daumen und ging ins Haus.

Vor dem Schulbeginn zeigte Maserati Theo den Weg zur Schule. Am Montag, dem ersten Schultag, sah sie immer wieder aus dem Fenster, aber entweder hatte sie Theo verpasst oder Annabell hatte ihn gefahren.

Am Donnerstag stand Theo auf einmal in der Küche.

„Endlich!“ Maserati wischte sich erleichtert die Hände an der Schürze ab. „Wie war die Schule?“

„Ich war gar nicht in der Schule“, sagte Theo.

„Geht’s dir nicht gut?“, fragte Maserati.

„Mit geht’s bestens“, sagte er wenig überzeugend.

„Die Sache ist: Wir ziehen in zwei Wochen weg. Mein Vater hat einen Job in Süddeutschland angenommen. Und jetzt geht alles ganz schnell.“

„Kommt ihr nie wieder? Verkauft ihr die Villa?“, fragte sie.

„Keine Ahnung“, sagte Theo.

„Ihr könnt doch nicht einfach verschwinden!“, rief sie.

„Du musst dringend mit Caspar reden“, sagte Theo.

„Wieso?“, fragte Maserati.

„Weil er von zu Hause ausgezogen ist. Er lebt jetzt in einem winzigen Zimmer irgendwo in der Pampa und hat auch kein schickes Auto mehr. Er gibt seinem Vater die Schuld dafür, was dir passiert ist.“

„Wieso?“, wiederholte sie heiser.

„Und anstatt die Schule fertig zu machen, will er jobben, um sein eigenes Geld zu verdienen und unabhängig von all dem Scheiß zu sein, wie er sagt“, erklärte Theo.

„Was für ein Quatsch“, flüsterte Maserati.

„Das sagen alle anderen auch“, stimmte Theo ihr zu.

Maserati wusste nicht, was sie noch sagen sollte.

„Gute Reise“, murmelte sie und umarmte ihn.

„Na ja, das wird schon“, sagte Theo. „Ich danke dir jedenfalls für alles. Wir sehen uns wieder.“

Am Wochenende kamen wieder viele Gäste ins Dorf.
Maserati rannte zwischen der Küche und dem Gastraum hin und her. Mitten im Trubel sah sie auf dem Tisch einen Umschlag mit ihrem Namen, aber ohne Absender.
Er musste heute mit der Post gekommen sein.
Sie riss den Umschlag auf und holte ein Handy heraus.
Sie schaltete es ein und klickte in das Adressbuch.
Neben den Notfallnummern war nur eine weitere Nummer.
Auf dem Handy war eine Nachricht:
Der direkte Draht zu mir. Rufst du mich an? Caspar.
Maserati spürte das Handy bei jedem Schritt in der Hosentasche. Man konnte sich noch so oft vornehmen, eine Nummer nicht zu wählen. Wenn man sie erst mal hatte, würde man es tun. Früher oder später.

Ende

1. Im Text kommen diese schwierigen Wörter und Wortgruppen vor. Was bedeuten sie? Lies die Erklärungen und verbinde dann. Tipp: Ein Wörterbuch kann helfen.

in der Pampa	arbeiten
jobben	der schnelle Kontakt
der direkte Draht	auf dem Land

2. Caspar und Maserati stehen am Gartentor. Worüber reden sie? Kreuze an. Tipp: Lies noch einmal die Seiten 97 und 98.

- ☐ Maserati will nicht, dass Caspar hereinkommt.
- ☐ Caspar bittet Maserati um Verzeihung für die Berichte in den Klatsch-Zeitschriften seiner Familie.
- ☐ Maserati gibt Caspar keine Schuld.
- ☐ Für Caspar fängt bald wieder die Schule an.
- ☐ Maserati möchte, dass Caspar bei ihr wohnt.

3. Caspar findet, dass Maserati ein freier Mensch ist. Maserati findet das nicht. Warum? Ergänze.

in der Gaststätte – zur Schule – die Oma

Maserati geht zwar nicht ______________________, aber sie

arbeitet den ganzen Tag ______________________.

Sie kümmert sich auch um ______________________.

4. Theo kommt zu Maserati in die Küche. Was erzählt er über Caspar? Markiere die Stellen im Text auf Seite 99.

5. Theo und seine Eltern ziehen weg aus dem Dorf. Wie verabschieden sich Theo und Maserati? Schreibe in die Sprechblasen. Tipp: Lies noch einmal Seite 99.

________________________________.

Na ja, ________________________

____

____

________________________________.

6. Maserati und Theo waren sich zuerst fremd. Jetzt ist es anders. Was hat sich zwischen ihnen entwickelt? Beantworte die Frage in eigenen Worten.

____

____

7. Maserati bekommt von Caspar ein Handy. Meinst du, sie wird sich bei ihm melden? Begründe deine Antwort.

____

____

8. Jetzt hast du **Schallplattensommer** zu Ende gelesen. Wer hat das Buch geschrieben?

a) Lies den Sachtext oder höre ihn dir an. Audio

b) Markiere wichtige Wörter.

Über die Autorin

Alina Bronsky wurde 1978 in Russland geboren. Als sie mit ihrer Familie nach Deutschland kam, war sie zwölf Jahre alt. Sie ging in eine deutsche Schule und musste die deutsche Sprache erst noch lernen. Vorher hat sie schon Geschichten geschrieben, aber auf Russisch. Ihre Romane und Jugendbücher schreibt die Autorin auf Deutsch. Alina Bronsky lebt in Berlin und hat vier Kinder.

c) Beantworte die Fragen in Stichworten.

- Wann und wo wurde Alina Bronsky geboren?

- In welchem Alter lernte sie Deutsch?

- In welcher Sprache schrieb sie ihre ersten Geschichten?

- In welcher Sprache schreibt sie ihre Bücher?

- Wo lebt Alina Bronsky?

Haltepunkt: gemeinsam arbeiten

1. Wie endet die Geschichte?

a) Zeichnet die Tabelle auf ein Blatt.

b) Sprecht über die Fragen und füllt die Tabelle aus.

	Maserati	**Caspar**	**Theo**
Wo lebt ...?	...	...	...
Wie geht es ...?	...	...	...
Was tut ... jetzt? Und warum?	...	...	...
Wen vermisst ...?	...	...	...

c) Sprecht über eure Ergebnisse und vergleicht sie.

2. Stellt euch vor, Maserati und Caspar haben wieder Kontakt und chatten miteinander.

a) Welche Nachrichten könnten sie schicken? Schreibt auf ein Blatt. Ihr könnt auch ein Telefongespräch aufschreiben. Beginnt so:

Hi Caspar, ...

b) Nehmt den Chat-Verlauf oder das Telefongespräch als Audio-Datei auf.

- Nutzt dazu ein Handy.
- Überlegt, wer Maserati und wer Caspar spricht.
- Sprecht laut und mit Betonung.

c) Spielt eure Audio-Datei den anderen vor.

3. Ihr habt das Buch Schallplattensommer fertig gelesen. Nun könnt ihr über verschiedene Themen weiter nachdenken.

a) Bildet Gruppen und wählt ein Thema aus oder schreibt eine eigene Idee für ein Thema auf.

Leben in der Stadt oder auf dem Land

Klatsch-Berichte und sachliche Nachrichten

Musik hören früher und heute

Wie wäre das Leben ohne Handy und Internet?

Die Autorin Alina Bronsky

b) Sucht Informationen zu eurem Thema. Ihr könnt:

- im Internet recherchieren,
- in Büchern nachschlagen,
- Personen befragen.

c) Wie möchtet ihr eure Ergebnisse präsentieren? Ihr könnt:

- eine Collage kleben,
- malen oder einen Comic zeichnen,
- mit dem Handy ein Erklär-Video drehen,
- mit dem Handy eine Audio-Datei aufnehmen,
- einen Steckbrief anfertigen,
- ...

d) Präsentiert eure Ergebnisse den anderen.